Karla Seedorf

Übungen zum Textverständnis

Dreifach **differenzierte Arbeitsblätter** für den Deutschunterricht

Klasse 9 | 10

Verlag an der Ruhr

Impressum

Titel
Übungen zum Textverständnis – Klasse 9/10
Dreifach differenzierte Arbeitsblätter für den Deutschunterricht

Autorin
Karla Seedorf

Titelbildmotiv und Abb. Kopfzeile
© lassedesignen – stock.adobe.com

Lektorat
Dr. Bettina Kratz-Ritter

Druck
Heenemann GmbH & Co. KG, Berlin, DE

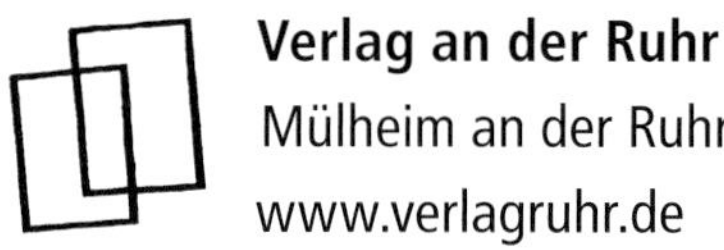

Verlag an der Ruhr
Mülheim an der Ruhr
www.verlagruhr.de

Geeignet für die Klassen 9/10

ISBN 978-3-8346-2620-2

Inhaltsverzeichnis

1 Für Anfänger

2 Für Fortgeschrittene

3 Für Profis

Handy als Teil des Körpers (1/2)

Im Jahr 2008 hatten laut JIM-Erhebung 95 Prozent der 12- bis 19-Jährigen ein Handy. Manche Eltern würden ihre Kinder damit gern kontrollieren und wissen, wo sie sich gerade aufhalten. Gleichzeitig entfernt sich der Nachwuchs mit den Geräten aber von ihnen. Jugendliche, sagt die Medienwissenschaftlerin Petra Grimm, würden das Mobiltelefon fast als Teil ihres Körpers betrachten. Viele nehmen es sogar mit ins Bett. Sie empfinden es als ungeheuer wertvoll: All ihre Kontakte sind darin auf der winzigen Karte mit den goldenen Streifen gespeichert, sie bildet so etwas wie ein ausgelagertes Gedächtnis. „SMS bekommen" ist der JIM-Studie zufolge die wichtigste Funktion. Dann: „angerufen werden".
Das tragbare Telefon ermöglicht eine ständige Verbindung zu Freundinnen und Freunden – nicht so sehr zu den Eltern. Manche Mutter klagt, dass sie von plärrender Klingeltonmusik und den lautstarken Gesprächen ihrer elf Jahre alten Tochter geweckt wird, mit denen die den Tag beginnt, während sie noch im Bett liegt. „Aliens im Kinderzimmer", titelte der Spiegel 2007.
Neue Technik kann Distanz, Ratlosigkeit und Besorgnis hervorrufen. „Unsere Kinder wachsen nicht mehr in Familien auf, sondern vor Bildschirmen", sagt Laszlo Pota. Er ist Vizepräsident des Bundesverbands der Psychologinnen und Psychologen und arbeitet in Hamburg in einer Klinik für suchtkranke Kinder und Jugendliche. Kürzlich ist er in Urlaub gefahren. Im Zug saßen zwei Jungs, die sich unterhielten, indem sie Sätze in einen Laptop tippten. „Wir sind nicht mehr in der Lage, miteinander zu reden", sagt Pota. Eltern würden ihre Kinder vor den Fernseher setzen – vor deren eigenen. Die klassische U-Form des Wohnzimmers, wo man früher gemeinsam Rudi Carrell gesehen habe, vervielfältige sich und löse sich damit auf. „Wir haben in jedem Kinderzimmer einen Fernseher, einen DVD-Player, einen Computer, eine Stereoanlage und eine Ledercouchgarnitur", sagt er. Damit geht das Gemeinschaftsgefühl beim Gucken verloren, findet Pota. [...] Die Portale im Internet, sagt Pota, führten zwar weit in die Welt hinaus, lieferten aber kein persönliches Erlebnis. Es erkunde keiner mehr die Umwelt, Wälder, Schrottplätze. „Der Mensch ist mit Instinkten geboren, die werden ihm spätestens im Kindergarten aberzogen." Der Freiburger Soziologe Baldo Blinkert monierte schon vor Jahren „Wirklichkeitsverlust" und „Erlebnismangel". Deutlich weniger skeptisch betrachtet der Wissenschaftler und Bestsellerautor Don Tapscott die Entwicklung. Er hat in umfassenden Studien den Umgang der „Generation Internet" mit dem Medium untersucht, mit dem sie aufgewachsen ist. Tapscott hat mit Tausenden Jugendlichen und jungen Erwachsenen gesprochen. Sein Fazit: Die „Generation Internet" ist fitter, kritischer, kreativer und engagierter, als es jemals eine vor ihr war. Vielleicht, vermutet der Online-Euphoriker, sei es die schlaueste Generation überhaupt. Ihre Vertreter hält er für stark visuell orientiert. Am leichtesten würden sie über Bilder lernen. Spielerisch eigneten sie sich vieles an, was Ältere sich mühsam erarbeiten müssten. Auch die immer neuen Funktionen von Mobiltelefonen. Sie sind längst zu kleinen Taschencomputern geworden. iPhone und andere Smartphones verbinden ihre Nutzer überall mit dem Internet.

(Quelle: Johannes Gernert: Generation Porno. Jugend, Sex, Internet. Fackelträger 2010, S. 44 ff.)

Handy als Teil des Körpers (2/2)

Aufgaben

1. **Erkläre in eigenen Worten aus dem Textzusammenhang heraus folgende fachsprachlichen Begriffe.**

   Ein Soziologe (Z. 30) ist ______

   Das Verb monieren (Z. 30/31) bedeutet ______

   Mit Online-Euphoriker (Z. 37/38) ist hier jemand gemeint, der ______

   ______

2. **Ordne den Text in Sinnabschnitte. Schreibe neben den Text zu jedem Abschnitt eine Überschrift.**

3. **Unterstreiche im Text alle Argumente für und gegen die intensive Handynutzung von Jugendlichen in zwei verschiedenen Farben. Unterstreiche in einer dritten Farbe alle die Argumentation unterstützenden Beispiele und Belege im Text.**

   Farbe ☐: Argumente für intensive Handynutzung von Jugendlichen

   Farbe ☐: Argumente gegen intensive Handynutzung von Jugendlichen

   Farbe ☐: (Fall-)Beispiel/(statistischer) Beleg

4. **Notiere auf Karteikarten mögliche Argumente für Pota oder Tapscott. Ergänze eigene Ideen. Schreibe zu jedem Argument stichpunktartig eine Begründung und ein (Fall-)Beispiel oder einen statistischen Beleg.**

5. **Ordne dann deine Karteikarten nach zunehmender Wichtigkeit.**

6. **Suche dir einen Partner. Vergleicht eure Karten.**

Tipp

Mithilfe der Karteikarten könnt ihr im Rollenspiel ein sachliches Streitgespräch zwischen Pota und Tapscott durchführen.

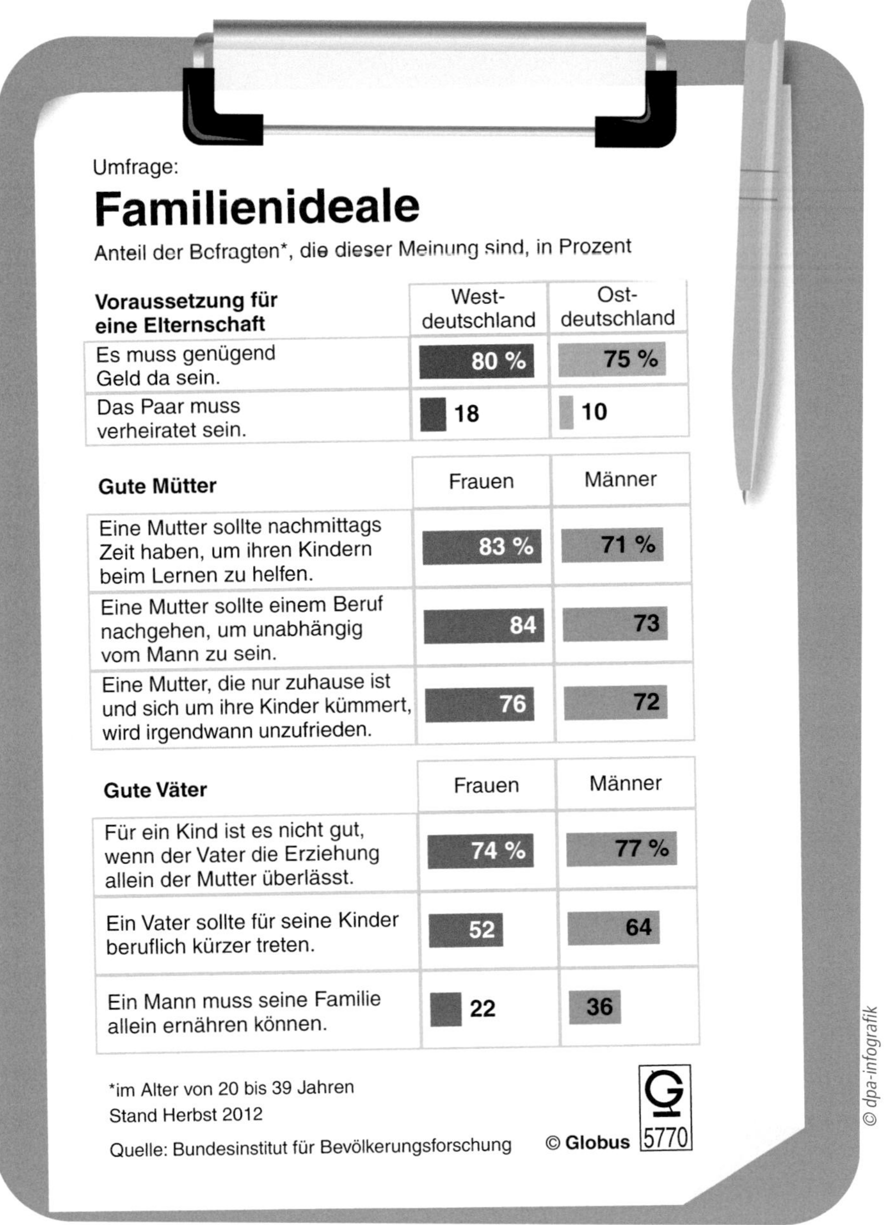

Umfrage:

Familienideale

Anteil der Befragten*, die dieser Meinung sind, in Prozent

Voraussetzung für eine Elternschaft	West-deutschland	Ost-deutschland
Es muss genügend Geld da sein.	80 %	75 %
Das Paar muss verheiratet sein.	18	10

Gute Mütter	Frauen	Männer
Eine Mutter sollte nachmittags Zeit haben, um ihren Kindern beim Lernen zu helfen.	83 %	71 %
Eine Mutter sollte einem Beruf nachgehen, um unabhängig vom Mann zu sein.	84	73
Eine Mutter, die nur zuhause ist und sich um ihre Kinder kümmert, wird irgendwann unzufrieden.	76	72

Gute Väter	Frauen	Männer
Für ein Kind ist es nicht gut, wenn der Vater die Erziehung allein der Mutter überlässt.	74 %	77 %
Ein Vater sollte für seine Kinder beruflich kürzer treten.	52	64
Ein Mann muss seine Familie allein ernähren können.	22	36

*im Alter von 20 bis 39 Jahren
Stand Herbst 2012
Quelle: Bundesinstitut für Bevölkerungsforschung

Diesen Aussagen stimme ich zu:

Umfrage: Familienideale (2/2)

Aufgaben

1. Kreuze korrekte Aussagen zur Umfrage an.

- ☐ Frauen stimmen etwas häufiger der Aussage zu, dass nicht berufstätige Mütter irgendwann unzufrieden werden.
- ☐ Über die Hälfte der befragten Frauen glaubt, dass ein Vater für die Erziehung beruflich kürzertreten sollte.
- ☐ Frauen ist es wichtiger als Männern, dass Mütter beruflich unabhängig von ihrem Mann sind und ihr eigenes Geld verdienen.
- ☐ Über ein Fünftel der befragten Frauen und über ein Drittel der befragten Männer sind der Ansicht, dass ein Mann seine Familie allein ernähren können muss.
- ☐ In Westdeutschland sind ein Fünftel mehr Menschen davon überzeugt, dass eine ausreichende finanzielle Versorgung Voraussetzung dafür ist, eine Familie zu gründen.
- ☐ Mehr Männer als Frauen glauben, dass für die Erziehung am ehesten die Mutter zuständig ist.

2. Notiere nun unter der Grafik, welchen Aussagen über Familienideale du selbst zustimmst. Vergleiche deine Ergebnisse mit deinem Banknachbarn und begründe deine Meinung.

3. Beschreibe, welche Frauen- und Männerrollen in der Generation deiner Großeltern vorherrschten.

____

____

____

4. Erläutere auf der Rückseite, welche Familienideale dir wichtig sind. Begründe deine Meinung und belege sie mit (Fall-)Beispielen und ggf. Statistiken.

5. Erläutere in 5–6 Sätzen und anhand von passenden Beispielen/Belegen, was deiner Meinung nach Staat und Wirtschaftsunternehmen tun sollten, um Partnerschaft, Ehe und Familie besser zu unterstützen.

____

____

____

____

____

____

____

Hilfe zu verleihen – Die Weltbank (1/2)

[...] Wie macht man Länder so reich, dass es ihren Bewohnern gut geht? Eine Antwort soll die Weltbank finden. Die wurde gegen Ende des Zweiten Weltkrieges von den Vertretern von 44 Ländern gegründet. Im Krieg war viel kaputt gemacht worden. Die Bank sollte dabei helfen, die zerstörten Länder wieder aufzubauen, und den vielen armen Menschen neue Hoffnung geben. Es klingt im ersten Moment merkwürdig, dass ausgerechnet eine Bank etwas gegen die Armut tun soll. [...] Banken verschenken normalerweise nichts an Arme.

Dabei ist die Idee, die hinter der Weltbank steckt, eigentlich ganz einfach: Es reicht auf Dauer eben nicht, armen Menschen Geld oder Essen zu schenken. Besser ist es, ihnen dabei zu helfen, sich selbst zu helfen. Man kann sie beispielsweise dabei unterstützen, ein kleines Geschäft zu gründen. [...] Oder eine Schule für ihre Kinder zu bauen, damit die etwas lernen und später dann einen Beruf bekommen.

All dies kostet Geld. Aber das muss man nicht unbedingt verschenken. Man kann es auch verleihen. Wenn Menschen erst einmal etwas verdienen, können sie auch etwas zurückzahlen.

Genau so funktioniert die Weltbank. Sie gibt den Regierungen armer Länder Geld, und die sollen damit ihren Bürgern helfen. Wenn es irgendwann allen besser geht, müssen die Länder die geliehene Summe zurückzahlen. Die Weltbank kann dann wieder anderen Ländern Geld leihen. [...]

Die Weltbank berät die Regierungen auch dabei, die richtigen Dinge für ihr Land zu tun. In einer Gegend ist es am wichtigsten, Schulen oder Krankenhäuser zu bauen. Anderswo braucht man zuerst eine Straße, damit für die Bauern der Weg zum Markt nicht mehr so beschwerlich ist und sie ihre Früchte frischer anbieten können. [...] Das Ziel ist aber immer dasselbe: Am Ende sollen in einem Land kluge und gesunde Menschen leben und auch Arbeit finden. Deswegen will die Weltbank heute immer mehr zu einer „Wissensbank" werden. Sie sammelt gute Tipps, damit sie sagen kann: Das hat funktioniert und das nicht.

Aber was macht ein Land reich? Darüber muss die Weltbank immer wieder neu nachdenken. Eine Weile glaubte sie, dass ein Land viele Firmen brauche, in denen die Menschen Arbeit finden, und dass der Staat den Menschen möglichst wenig helfen soll. [...] Man weiß inzwischen, dass es auch wichtig ist, den Reichtum gerecht zu verteilen, Schulen zu bauen und die Umwelt zu schützen. Denn einem Land, in dem der Wald verschwindet und die Flüsse vergiftet werden, geht es nicht gut, auch wenn es viele Fabriken hat. [...]

(Quelle: Petra Pinzler: Hilfe zu verleihen. In: KinderZeit Nr. 4 vom 18. Januar 2013, S. 37)

Info

Die Weltbank

Ihre Aufgabe:
Die Weltbank unterstützt arme Länder dabei, ihren Bürgern zu helfen, indem sie Geld an die Mitgliedsländer verleiht. Von diesem Geld können z. B. Schulen gebaut werden, um Kindern eine Ausbildung und später bessere Berufschancen zu bieten.

Ihre Mitglieder:
Die Weltbank hat insgesamt 188 Mitgliedsländer, denen jeweils ein Teil der Bank gehört. Inwiefern ein Land mitbestimmen darf, hängt von der Größe seines Anteils an der Bank ab.

Hilfe zu verleihen – Die Weltbank (2/2)

Aufgaben

1. Lies den Text „Hilfe zu verleihen – Die Weltbank" aufmerksam durch und kreuze an, welche der folgenden Aussagen korrekt sind.

- ☐ Die Weltbank hat als Ziel, arme Länder mit Geld zu unterstützen.
- ☐ Die Länder, denen die Weltbank Geld geliehen hat, müssen dieses Geld unter keinen Umständen zurückzahlen.
- ☐ Die Weltbank baut Schulen, Straßen und Krankenhäuser in armen Ländern.

2. Verfasse in eigenen Worten (5–6 Sätze) einen Lexikoneintrag zum Stichwort „Weltbank".

____

____

____

____

____

____

____

____

____

____

3. Erkläre anhand der Informationen aus dem Text in eigenen Worten, wie man dafür sorgen kann, dass ein Land „reich" wird und möglichst viele Menschen sich dort wohlfühlen.

____

____

____

____

____

____

____

____

____

____

Liebe statt Hiebe – Es geht auch ohne Klaps und Schläge (1/3)

[…] Kinder fordern uns heraus und der Alltag mit ihnen ist oft anstrengend. Gerade in einer Welt, in der die Bewegungsfreiheit von Kindern einschränkt ist, Großfamilie und Nachbarschaft keine große Rolle mehr spielen, müssen Mütter und Kinder oft ganze Tage allein miteinander aushalten. Dass es da immer wieder zu Stress und Überforderung kommt, ist einfach nur normal. In früheren Zeiten wurden Erziehungskonflikte häufig mit Gewalt gelöst. Ohrfeigen, Kopfnüsse, ja sogar Stockschläge galten als gängiges Erziehungsmittel. Inzwischen wissen wir, dass Prügelstrafen grausam und schädlich sind. Alle pädagogischen und psychologischen Forschungen auf diesem Gebiet haben erwiesen, dass Schläge an Kindern seelische Wunden hinterlassen, die ein Leben lang nachwirken und die Persönlichkeit schwächen. Schläge nehmen Kindern das Gefühl, in dieser Welt gut aufgehoben zu sein. Sie rauben ihnen die Erfahrung von Sicherheit und Geborgenheit, die so wichtig für eine gesunde Entwicklung ist. Durch Schläge wird das Selbstvertrauen der Kinder gebrochen. Die Erfahrung von Gewalt sitzt tief. Geschlagene Kinder geben die Prügel zuerst an Spielkameraden und meist später an ihre eigenen Kinder weiter. Vieles von dem Bösen in der heutigen Welt, so hat die bekannte Autorin Alice Miller deutlich gemacht, hat seine Ursachen in der Erniedrigung von Kindern. Sie hat die Lebensläufe von Gewalttätern, Kindsmördern und Verbrechern untersucht und dabei festgestellt, dass all diese grausamen Menschen in ihrer Kindheit selbst erniedrigt, geschlagen, missbraucht und vernachlässigt wurden. Sehr häufig schließen sich auch Kinder, die ständig verprügelt wurden, später autoritären „Führern" an und lassen sich für deren Zwecke missbrauchen.

Aber Prügel sind nicht nur unmoralisch, sie nützen auch nichts und bleiben so in der Erziehung wirkungslos. Sie produzieren keine gehorsameren oder fleißigeren Kinder, sie verhindern auf Dauer weder Unordnung noch Frechheit und führen keineswegs zu größerer Disziplin. Natürlich halten Schläge Kinder zunächst davon ab, das Verbotene zu tun. Aber nur, solange sie weinen. In dem Moment, wo die schlagenden Eltern sich abwenden, machen sie mit dem Verbotenen weiter. Dauerhafte Veränderungen im kindlichen Verhalten geschehen dagegen durch Lob und Motivation. Kinder lieben ihre Eltern und wollen ihre Anerkennung. Geschlagene Kinder aber sind nicht motiviert, ihre Eltern zu erfreuen. Im Gegenteil: Sie sind verletzt und gedemütigt und manchmal tun sie das Verbotene dann erst recht. Erziehung durch Schläge erhöht die Aggressivität und führt zum Verlust von innerer Sicherheit. […]

Nicht zuletzt sind körperliche Strafen in Deutschland [seit dem Jahr 2000 gesetzlich] verboten: „Kinder haben ein Recht auf gewaltfreie Erziehung", heißt es in Paragraph 1631 Absatz 2 des Bürgerlichen Gesetzbuchs. Und weiter: „Körperliche Bestrafungen, seelische Verletzungen und andere entwürdigende Maßnahmen sind unzulässig." […]

Tatsächlich erfordert eine gewaltfreie Erziehung ein anderes Konzept und eine positive Einstellung zum Kind. Wer ohne Schläge und Strafen auskommen und seine Kinder dennoch in positiver Weise lenken und leiten will, muss vor allem liebenswürdig und konsequent mit ihnen sein. Je mehr sich das Kind wie ein einzigartiger und wertgeschätzter Mensch behandelt fühlt, desto eher wird es sich auch so benehmen. […]

(Quelle: Eva Baumann: Liebe statt Hiebe. In: mobile, Mai–Juni 2005)

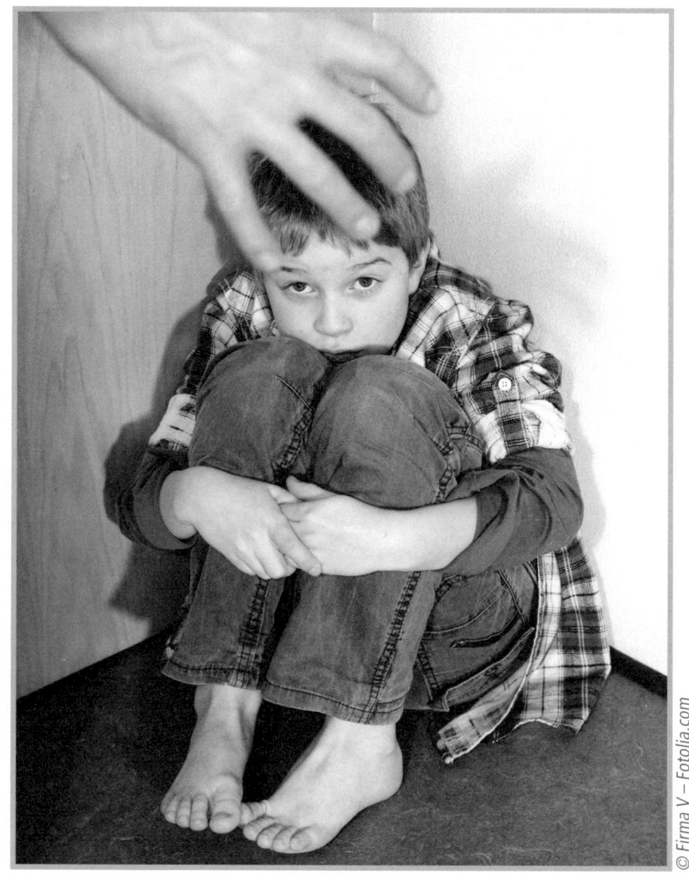

Gewalterfahrungen im Kindesalter vergisst das Opfer sein Leben lang nicht.

Liebe statt Hiebe – Es geht auch ohne Klaps und Schläge (2/3)

Gewalt in der Erziehung (Forsa-Umfrage vom November 2011)

Frage: „Wenn Sie an die letzten zwölf Monate denken: Wie oft ist es in dieser Zeit vorgekommen, dass Sie Ihr Kind mit folgenden Maßnahmen bestraft haben?"
Darauf antworteten von 1003 Befragten mit ‚mind. 1- bis 2-mal' (alle Angaben in %):

		Region		Geschlecht		Alter der Eltern (in Jahren)					Anzahl der Kinder			Geschlecht der Kinder	
	Gesamt	West	Ost	Männer	Frauen	18–29	30–34	35–39	40–44	45–49	1	2	3+	Junge/n	Mädchen
Klaps auf den Po	40	42	32	41	38	46	44	46	37	25	34	44	47	45	39
Ohrfeige	10	9	14	10	10	11	9	12	11	8	8	11	8	11	11
Hintern versohlen	4	4	4	5	4	3	2	6	5	3	3	6	3	6	3
schlagen mit Stock o. Ä.	*	*	–	*	–	2	–	–	–	–	–	–	1	*	*

Aufgaben
Teil 1

1. Unterstreiche im Text (mit zwei Farben ☐) Gründe, warum

☐ Eltern ihre Kinder schlagen,

☐ Schläge kein geeignetes Erziehungsmittel sind.

Fasse dann die Gründe stichpunktartig zusammen. Ergänze ggf. eigene Gründe.

Gründe, aus denen Eltern ihre Kinder schlagen	Gründe, warum Schläge kein geeignetes Erziehungsmittel sind

Liebe statt Hiebe – Es geht auch ohne Klaps und Schläge (3/3)

Teil 2

2. **Formuliere Erziehungstipps für Eltern: „So gelingt Ihnen die gewaltfreie Erziehung" (ca. eine DIN-A4-Seite): Erkläre, weshalb gewaltfreie Erziehung wichtig ist und worauf man im Umgang mit Kindern Wert legen sollte. Belege deine Argumentation mit passenden Beispielen.**

3. **Kreuze die richtigen Aussagen zur Auswertung der Forsa-Umfrage an.**

   a) 40 von 1 003 Befragten haben ihr(e) Kind(er) mind. 1–2 Mal geschlagen. ☐
   b) Westdeutsche Kinder bekommen häufiger einen Klaps auf den Po, ostdeutsche bekommen häufiger Ohrfeigen. ☐
   c) Männer wenden etwas häufiger Gewalt in der Erziehung an als Frauen. ☐
   d) Je jünger die Eltern, desto häufiger wird auf Gewalt in der Erziehung zurückgegriffen. ☐
   e) Je mehr Kinder, desto häufiger greifen Eltern auf Gewalt in der Erziehung zurück. ☐
   f) Mädchen werden etwas häufiger geschlagen als Jungen. ☐

4. **Fasse in 4–5 Sätzen die wichtigsten Ergebnisse der Forsa-Umfrage zusammen.**

5. **Eva Baumann behauptet in ihrem Artikel „Liebe statt Hiebe" außerdem:**
   „Die Auswirkungen dieses [...] Gesetzes [= Recht auf gewaltfreie Erziehung], so hat die Bundesregierung in einer ersten Bilanz festgestellt, sind durchweg positiv. Niemand kann nun mehr behaupten, dass Schlagen zur Erziehung gehört. Eltern, die so etwas tun, können sich nicht länger auf ihr Erziehungsrecht berufen. Das Ideal einer gewaltfreien Erziehung hat mittlerweile alle Bevölkerungsgruppen unabhängig von ihrer Bildung und ihrem sozialen Status erreicht', heißt es in der Bilanz." Nimm zu dieser Einschätzung der Autorin Stellung, indem du dich auf die Ergebnisse der Forsa-Umfrage von 2011 beziehst.

Soziale Wahrnehmung – Wie unser Urteil über andere zustande kommt (1/2)

Erster Eindruck: [...] Viele Experimente haben gezeigt, dass man vom äußeren Eindruck – noch dazu bei Fotos – keine gültigen Aussagen ableiten kann. Natürlich hat man einige Zufallstreffer, aber bei einer sauberen Auswertung wird deutlich, dass das Fehlerrisiko sehr hoch ist. In der Regel treffen wir innerhalb weniger Sekunden eine Einschätzung darüber, ob wir unser Gegenüber sympathisch finden oder nicht. Dieser Eindruck wirkt sich auf die Interaktion aus. Personen, die uns sympathischer sind, treten wir freundlicher entgegen, wobei in der Regel diese Freundlichkeit dann auch erwidert wird. So kann der erste Eindruck schnell zu einer „sich selbst erfüllenden Prophezeiung" werden.

Ähnlichkeit: Im Allgemeinen erhalten Menschen, die uns ähnlich sind (z. B. gleiche Interessen, gleicher Dialekt oder gleiche Abneigungen) einen Sympathiebonus. Wir akzeptieren Einstellungen und Verhaltensweisen eher, wenn sie den eigenen Einstellungen entsprechen. Mit Menschen, bei denen man eine gemeinsame Wellenlänge spürt, kommt man besser zurecht als mit Menschen, die man aufgrund ihrer Ausstrahlung, ihres Aussehens, ihrer Berufszugehörigkeit usw. als andersartig erlebt. Dieser Effekt kann aber auch ins Gegenteil umschlagen: Stellt man an anderen Verhaltensweisen und Eigenschaften fest, die einen an der eigenen Person stören, urteilt man bei diesen Menschen besonders streng.

Selbstbezug: In jede Personeneinschätzung gehen auch eigene Maßstäbe ein. Nicht zuletzt deshalb heißt es: „Jede Beurteilung sagt mehr über den Beurteiler als über den Beurteilten". Wenn wir andere Menschen einschätzen, benötigen wir einen Maßstab; und nur allzu häufig sind wir selbst das Maß aller Dinge: „Menschen, die mehr arbeiten als ich, sind fleißig", „Menschen, die sich nicht so engagieren wie ich, sind träge und faul".

Wahrnehmungstendenzen: [...] In Zusammenhang mit Leistungsbeurteilungen kann man folgende Beurteilungstendenzen feststellen:

- *Tendenz zur Milde:* Jeder bekommt eine relativ gute Beurteilung.
- *Tendenz zur Strenge:* Jeder wird tendenziell kritisch gesehen.
- *Tendenz zur Mitte:* Alle sind in etwa durchschnittlich, nur wenige etwas besser oder schlechter. [...]

Kontrasteffekt: [...] Ein schwacher Mitarbeiter wird in einer Abteilung mit noch schwächeren Mitarbeitern als relativ leistungsstark wahrgenommen; ist derselbe Mitarbeiter jedoch von leistungsstarken Personen umgeben, fällt seine Leistungsschwäche wesentlich stärker ins Auge.

Halo-Effekt: Der Halo-Effekt (englisch: halo = „Hof" des Mondes) führt dazu, dass wir von einer prägnanten Eigenschaft „geblendet" werden. Wir sind so beeindruckt vom selbstsicheren Auftreten, von der Eloquenz, von der Kleidung o. Ä., dass wir nicht mehr in der Lage sind, differenziert zu beurteilen.

Im Grunde ist dieser Effekt eine unzulässige Generalisierung: Wir schließen von Eigenschaften, die wir schätzen, auf andere. Beispielsweise: Menschen, die hübsch und sportlich aussehen, sind auch engagiert und kompetent. Oder wir haben Menschen als sympathisch und kompetent in einem Bereich kennen gelernt und schließen daraus, dass sie auch in anderen Bereichen kompetent sein müssen.

(Quelle: Josef Maiwald/Axel Schick: Hören, reden, überzeugen. Die Kunst der erfolgreichen Argumentation. Markt und Technik 2001, S. 89 ff.)

Wer ist uns auf Anhieb sympathisch?

Soziale Wahrnehmung – Wie unser Urteil über andere zustande kommt (2/2)

Aufgaben

1. **Fasse das Thema des Artikels in einem Satz knapp zusammen.**

Thema des Artikels ist

2. **Gib den Inhalt des Artikels wieder, indem du jeden markierten Begriff mit eigenen Worten in jeweils 1–2 Sätzen erklärst.**

3. **Schreibe nun einen eigenen Einleitungstext zu einer möglichen Inhaltsangabe.**

4. **Erläutere anhand passender Beispiele noch zwei weitere Effekte, die unsere soziale Wahrnehmung bestimmen bzw. beeinträchtigen können.**

5. **Formuliere 3 Tipps, wie man im Beruf die Kompetenz eines Praktikanten oder einer Kollegin möglichst objektiv einschätzen und sich vor Fehlurteilen schützen kann.**

Der Erste Weltkrieg – Die große Urkatastrophe des 20. Jahrhunderts (1/2)

Die Soldaten: Der Kriegsausbruch in Europa im August 1914 veränderte das Leben von Millionen von Männern. Einfache Soldaten, ältere Reservisten, eifrige Rekruten und Männer, die nur widerwillig dem Einberufungsbefehl folgten, zogen zusammen in den Krieg. Einige waren erfahrene Soldaten, doch viele hatten nie zuvor ein Gewehr in den Händen gehalten. [...] Die meisten glaubten, dass sie Weihnachten wieder zu Hause sein würden. [...]

Schützengräben: Vor dem Ausbruch des Kriegs erwarteten die Kriegsgegner an der Westfront massive militärische Manöver über Hunderte von Kilometern und schnelle Schlachten mit Vorstößen und Rückzügen. Niemand erwartete einen ermüdenden, stagnierenden Kampf zwischen zwei ebenbürtigen Gegnern. Es kam vor allem deshalb zu einer Pattsituation, weil schlagkräftige Langstreckenwaffen der Artillerien und Schnellfeuer-Maschinengewehre offene Kämpfe für die Soldaten zu gefährlich machten. Der einzige Weg, sich vor diesen Waffen zu schützen, war das Ausheben von Verteidigungsgräben. [...]

Die Front: Im Dezember 1914 war die ganze Westfront von einem Netz aus Gräben durchzogen – von der belgischen Küste im Norden durch Ostfrankreich bis zur schweizerischen Grenze, 654 km weiter im Süden. Bis 1917 konnte man theoretisch fast die ganze Länge der Front durch die gewundenen Gräben zurücklegen. [...]

Leben in den Gräben: In den Schützengräben wechselten an einem Tag kurze Angstperioden bei feindlichem Beschuss mit längeren Zeiten der Langeweile. Die meiste Arbeit wurde nachts verrichtet. Dann wurden Streifen ausgesandt, um die feindlichen Gräben auszuspionieren, und die eigenen Gräben und Wälle ausgebessert. Angriffe erfolgten hauptsächlich bei Sonnenauf- oder -untergang, daher waren zu diesen Zeiten alle Soldaten auf ihren Posten in den Schützenbuchten. Tagsüber war es meist ruhig, so versuchten die Männer ein wenig zu schlafen, während Wachposten die feindlichen Stellungen im Auge behielten. Viele Soldaten nutzten die Zeit auch für Tagebuchaufzeichnungen oder zum Briefeschreiben. [...]

Kriegsneurose: Kriegs- oder Bombenneurose nennt man zusammenfassend Affektstörungen, Nervenschocks, Erschöpfungszustände und ähnliche Leiden, die durch den Beschuss in den Schützengräben hervorgerufen wurden. Vor dem Ersten Weltkrieg waren solche Neurosen nicht bekannt, doch die Kriegsführung in den Schützengräben war so unmenschlich, dass eine große Anzahl von Soldaten solche Symptome entwickelten. [...]

Die Kosten des Kriegs: Die Folgen des Ersten Weltkriegs für die Menschen waren unvorstellbar. Mehr als 65 Millionen Männer kämpften, über die Hälfte von ihnen wurde getötet oder verwundet: Es gab 8 Millionen Gefallene, 2 Millionen Tote durch Krankheit, 21,2 Millionen Verwundete, und 7,8 Millionen gerieten in Gefangenschaft oder galten als vermisst. Darüber hinaus kamen 6,6 Millionen Zivilisten ums Leben. In den beteiligten Nationen – mit Ausnahme der USA – gab es kaum eine Familie, die keine Verluste zu beklagen hatte. Ganze Dörfer und Städte verschwanden von der Landkarte [...]. Die europäischen Volkswirtschaften waren ruiniert, während die USA als neue Weltmacht hervorging. Verständlicherweise hofften die Menschen Ende 1918, nie wieder solche Zerstörungen und Grausamkeiten eines Kriegs miterleben zu müssen.

(Quelle: Simon Adams: Der Erste Weltkrieg. Fotos von Andy Crawford. Dorling Kindersley 2007, S. 12–31. 62.)

Soldaten im Schützengraben 1915

Der Erste Weltkrieg – Die große Urkatastrophe des 20. Jahrhunderts (2/2)

1. Tausche dich mit einem Partner darüber aus, was ihr über den Ersten Weltkrieg wisst (z. B. aus Internet, Geschichtsunterricht, Fachbüchern, Großelternberichten).

2. Fasse die wichtigsten Informationen zum Ersten Weltkrieg in 4–5 Sätzen zusammen.

____

____

____

____

____

____

3. Schildere die Kriegseindrücke eines Soldaten in einem Brief an die Verwandten aus seiner Perspektive. Nutze dazu die Informationen aus dem Text und die eigenen Rechercheergebnisse aus Aufgabe 1.

Ihr Lieben daheim, ______________________________

____

4. Setze den vorletzten Absatz des Artikels in indirekte Rede. Achte dabei auf abwechslungsreiche Wörter aus dem Wortfeld *sagen* und auf die richtige Tempusform.

____

____

____

____

____

____

____

____

____

____

____

Statistiken zu Ausbildungsberufen und Lehrstellen (1/2)

Männer- und Frauenberufe

Die beliebtesten Ausbildungsberufe waren im Jahr 2012 (Anzahl der geschlossenen Verträge):

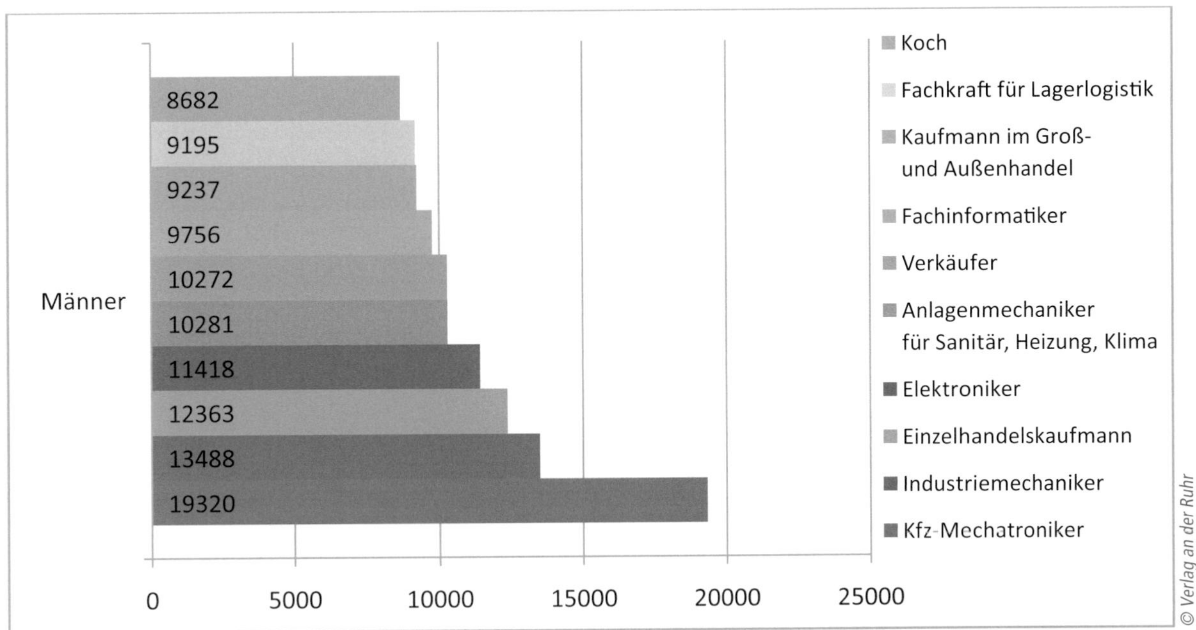

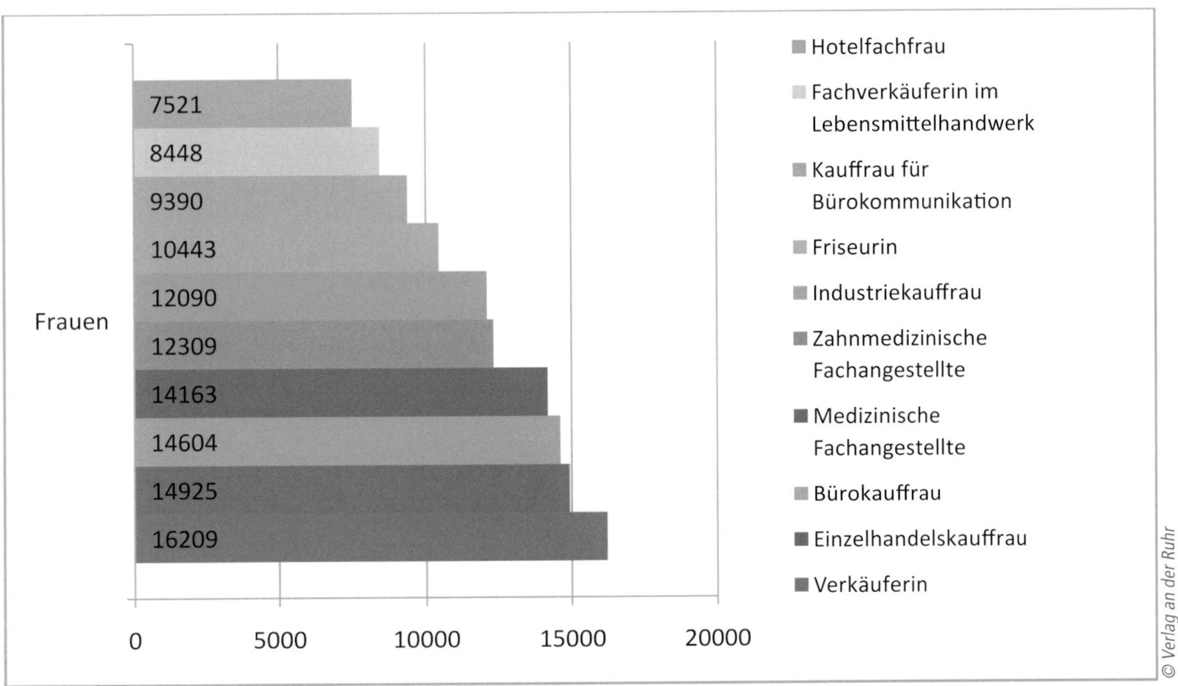

(Informationen nach: Bundesinstitut für Berufsbildung)

Statistiken zu Ausbildungsberufen und Lehrstellen (2/2)

Wenn Lehrstellen unbesetzt bleiben

So viel Prozent der Betriebe im Bereich der Industrie- und Handelskammern konnten Ausbildungsplätze im Jahr 2011 nicht besetzen:

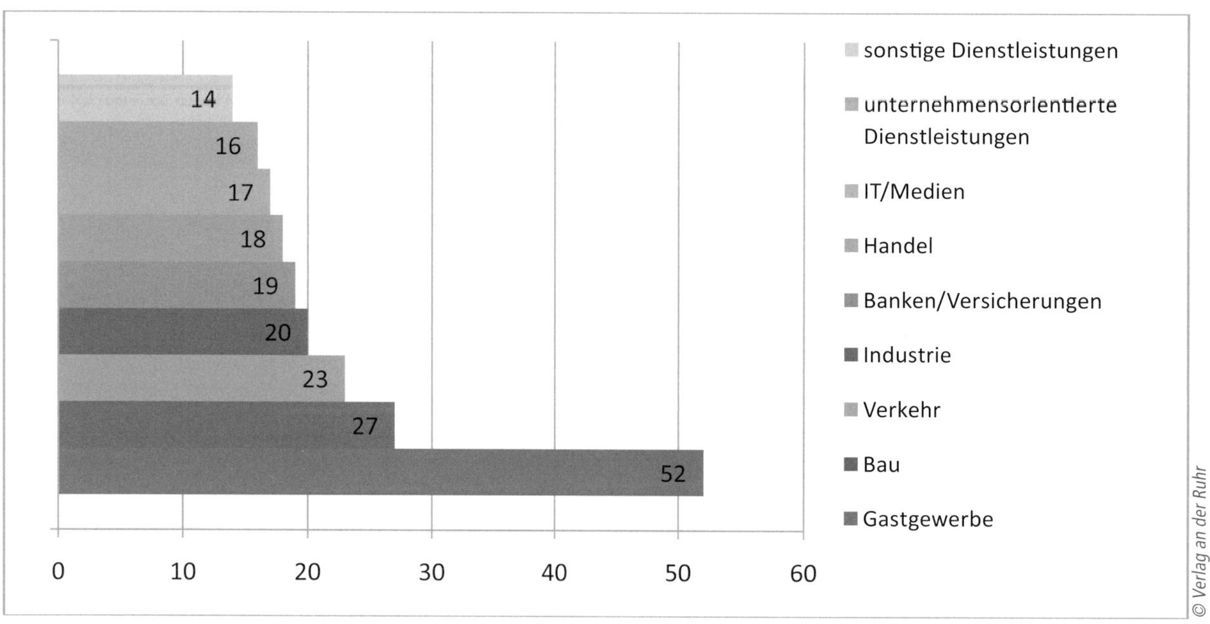

Aus diesen Gründen (Mehrfachnennungen möglich):

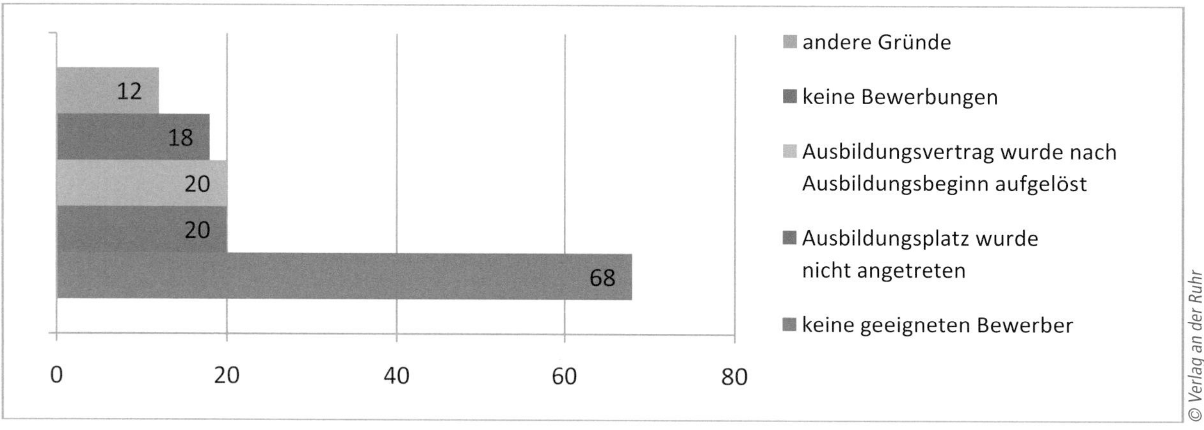

(Informationen nach: Deutsche Industrie- und Handelskammer)

1. **Fasse die wichtigsten Ergebnisse dieser Statistik in 4–5 Sätzen zusammen.**
2. **Erläutere, weshalb es typische Männer- und Frauenberufe gibt und welche Vor- und Nachteile damit verbunden sind.**
3. **Fasse die wichtigsten Ergebnisse der Grafik „Wenn Lehrstellen unbesetzt bleiben" in 3–4 Sätzen zusammen. Stelle dann einen Zusammenhang her zur Statistik „Männer- und Frauenberufe" (S. 17).**

Meine Daten gehören mir – Datenschutz im Alltag (1/2)

Das Fernmeldegeheimnis ist durch das Grundgesetz geschützt. Deshalb dürfen grundsätzlich weder Gespräche abgehört noch Verbindungsdaten gespeichert werden. Das Fernmeldegeheimnis kann jedoch durch Gesetze eingeschränkt werden. So legt beispielsweise die Strafprozessordnung fest, dass Telefonate überwacht werden dürfen, wenn der begründete Verdacht einer schweren Straftat besteht. Die Überwachung muss von einem Richter oder Staatsanwalt angeordnet werden. Offen ist die Speicherung von Verbindungsdaten in Zukunft. Per Gesetz waren Telekommunikations- und Internetanbieter dazu verpflichtet, alle Daten von Telefon-, Mail- und Internetverbindungen in Deutschland sechs Monate lang zu speichern. Registriert wurden die Kontaktdaten beider Gesprächspartner wie Telefonnummer oder Internet-Protokoll-Adressen, Zeit der Verbindung, bei Mobilfunk zusätzlich Standortangaben. Die Inhalte der Gespräche, SMS oder Mails wurden nicht erfasst. Das Bundesverfassungsgericht hat die flächendeckende Vorratsdatenspeicherung im März 2010 gestoppt. Die Telekommunikationsunternehmen und Internetprovider mussten ihre Datenspeicher wieder leeren. [...]

[...] Dank neuer, vor allem schnellerer Übertragungstechniken und mobiler Endgeräte wie Smartphones sind Telefonate inzwischen nur eine von immer vielfältigeren Anwendungen. Mobil können Sie kostengünstig Kurzmitteilungen per SMS „simsen" oder mailen, Ihre Adressen verwalten und Termine planen, Bilder, Audio- und Videoclips [...] übertragen, [...] im Internet surfen, einkaufen oder Serviceleistungen [...] abrufen. [...] Mit der Fülle neuer Dienste haben die Sicherheitsrisiken zugenommen und die Gefährdung für die Privatsphäre. Bei Verlust und Diebstahl gehen Daten verloren. Unverschlüsselte Inhalte können ausgelesen oder die Identität des Besitzers übernommen werden. Überwachung wird durch die Lokalisierung des Handys möglich. Auch Viren und sonstige Schadprogramme sind auf dem Vormarsch. Sicherheit beginnt schon beim Kauf eines mobilen Endgeräts. [...]

Achten Sie schon beim Kauf auf ausreichende Sicherheitsvorkehrungen der Geräte. Lassen Sie sich vom Fachpersonal beraten. Auch SIM-[...]Karten sollten Sie nur bei vertrauenswürdigen Händlern erstehen. Zum Schutz vor Diebstahl und Manipulation sollten Sie mobile Endgeräte nicht offen liegen lassen [...]. Halten Sie Ihre Zugangsdaten wie die PIN geheim. Achten Sie in der Öffentlichkeit darauf, dass andere Ihre PIN bei der Eingabe nicht mitlesen können. Schützen Sie sich vor unberechtigter Nutzung durch Zugangssicherungen wie Tastatursperre, Gerätesperrcodes oder Passwörter. Ändern Sie die voreingestellten Sperrcodes und PIN und beachten Sie die Regeln für sichere Passwörter [...]. Lassen Sie die SIM-Karte bei Verlust oder Diebstahl sofort sperren. Notieren Sie sich rechtzeitig die Telefonnummer des Sperrdienstes.

(Quelle: Verbraucherzentrale Bundesverband e. V.: Meine Daten gehören mir. Datenschutz im Alltag, 2010, S. 85–87.)

Info

Grundgesetz für die Bundesrepublik Deutschland, Artikel 10:

(1) Das Briefgeheimnis sowie das Post- und Fernmeldegeheimnis sind unverletzlich.

(2) Beschränkungen dürfen nur aufgrund eines Gesetzes angeordnet werden. Dient die Beschränkung dem Schutze der freiheitlichen demokratischen Grundordnung oder des Bestandes oder der Sicherung des Bundes oder eines Landes, so kann das Gesetz bestimmen, dass sie dem Betroffenen nicht mitgeteilt wird und dass an die Stelle des Rechtsweges die Nachprüfung durch von der Volksvertretung bestellte Organe und Hilfsorgane tritt.

Meine Daten gehören mir – Datenschutz im Alltag (2/2)

Aufgaben

1. **Schreibe jeweils passende Zwischenüberschriften auf die Leerzeilen.**

2. **Erkläre in eigenen Worten und anhand eines selbst gewählten Beispiels die Bedeutung des Artikels 10 im Grundgesetz.**

____

____

____

____

____

____

3. **Begründe, warum Datenschutz im Alltag wichtig ist, und formuliere 4–5 Tipps, wie man seine Daten schützen kann.**

Tipp 1:

Tipp 2:

Tipp 3:

Tipp 4:

Tipp 5:

„Wir müssen den Krieg verlieren" – Die Widerstandskämpferin Sophie Scholl (1/2)

[Zu seiner Freundschaft mit der NS-Widerstandskämpferin Sophie Scholl äußert sich der ehemalige Berufsoffizier Fritz Hartnagel:]

Zur Familie Scholl kam oft die Witwe eines jüdischen Arztes zu Besuch.
Ihr Mann hatte als Offizier im ersten Weltkrieg hohe Auszeichnungen bekommen. Zum Geburtstag erhielt er regelmäßig handschriftliche Briefe des Ulmer Oberbürgermeisters. Die Familie gehörte also zur Prominenz der Stadt. Die Frau hat überhaupt nicht begriffen, dass sie unter den neuen Machthabern nichts mehr war, dass sie auf die Verdienste von gestern nicht mehr bauen konnte. Eines Tages gab sie bei den Scholls das Familienalbum mit den Bildern ihres verstorbenen Mannes ab.
Mir überreichte sie eine Pistole mit der Bemerkung, ich als Offizier könne sie noch am ehesten aufbewahren. Einige Tage später wurde sie abgeführt und in ein Konzentrationslager gebracht.

Die Judenverfolgung, die in der Reichskristallnacht am 9. November 1938 zu einer Explosion von Gewalt mit organisierten Übergriffen auf Juden und jüdische Geschäfte und Synagogen eskalierte, hat mich besonders erschüttert.

Während der Militärzeit habe ich zwar unmittelbar keine Mordkommandos erlebt, aber ich wurde während einer Zugfahrt in Russland Zeuge einer Unterhaltung von Offizieren. Sie sprachen über Massenerschießungen und taten dies so, als sei es das Selbstverständlichste auf der Welt, Juden zu erschießen. Ich war zutiefst erschrocken, als ich plötzlich auf diese Weise Augenzeuge der Wirklichkeit wurde. Vorher hatte ich zwar gelegentlich im sogenannten Feindsender von Gräueltaten und Massenerschießungen gehört, aber ich war skeptisch geblieben und wusste nicht, ob es sich um Propaganda oder um die Wirklichkeit handelte. Insofern wurde mir allmählich klar, dass das ein Verbrecherregime war, dem ich als Soldat diente. Aber der Schritt, als Offizier innerlich auf die andere Seite überzuwechseln, forderte seine Zeit. Der ließ sich nicht von heute auf morgen vollziehen.

Sophie Scholl mit ihrem Bruder Hans Scholl (links) und Christoph Probst (rechts) – alle drei waren Mitglieder der Weißen Rose

„Wir müssen den Krieg verlieren" – Die Widerstandskämpferin Sophie Scholl (2/2)

Für Sophie, die kein kalt berechnender Mensch war, sondern sehr gefühlvoll sein konnte, war bezeichnend, mit welch scharfem Verstand und mit welch logischer Konsequenz sie die Dinge zu Ende dachte. Dafür ein Beispiel: Im Winter 1941/42 wurde die Bevölkerung in Deutschland in einer groß angelegten Propaganda-Aktion aufgefordert, Wollsachen und warme Kleidungsstücke für die Wehrmacht zu spenden. Die deutschen Soldaten standen vor Leningrad und Moskau und befanden sich in einem Winterkrieg, auf den sie nicht vorbereitet waren. Mäntel, Decken und Skier sollten abgeliefert werden. Sophie vertrat jedoch den Standpunkt: ‚Wir geben nichts.' Ich kam damals direkt von der Front aus Russland. Ich sollte in Weimar eine neue Kompanie aufstellen. Als ich von Sophies harter Reaktion erfuhr, habe ich ihr vor Augen geführt, was eine solche Haltung für die Soldaten draußen bedeutete, die keine Handschuhe, keine Pullover und keine warmen Socken besaßen. Sie blieb jedoch bei ihrer unnachgiebigen Haltung und begründete sie mit den Worten: ‚Ob jetzt deutsche Soldaten erfrieren oder russische, das bleibt sich gleich und ist gleichermaßen schlimm. Aber wir müssen den Krieg verlieren. Wenn wir jetzt Wollsachen spenden, tragen wir dazu bei, den Krieg zu verlängern.'

(Quelle: Hermann Vinke: Das kurze Leben der Sophie Scholl. Mit einem Interview von Ilse Aichinger. Otto Maier 1980, S. 73 f.)

Aufgaben

1. **Schreibe einen Brief Sophie Scholls an eine Freundin, in dem sie ihre Haltung zur Wehrmacht-Spendenaktion im Winter 1941/42 erklärt.**

Liebe ____________________

____

____

____

____

____

____

Tipp

Informiert euch über Sophie Scholl und die Weiße Rose (Internet, Geschichtsunterricht) und tauscht euch darüber aus. Fasst anschließend die wichtigsten Fakten und Bilder darüber auf einem Plakat zusammen (4–5 Sätze, Bilder, Informationsmaterial).

2. **Auf die Frage, was Jugendliche von den Geschwistern Scholl und der Weißen Rose lernen können, antwortet die Schriftstellerin Ilse Aichinger: „Sich nicht anpassen lassen. Die kleinen Träume vergessen, damit die großen nicht vergessen werden." Erkläre in eigenen Worten und an einem passenden Beispiel, was sie damit meint.**

____

____

____

____

 ISBN 978-3-8346-2620-2 | www.verlagruhr.de

Schön, wirklich schön: Nachdenken über Schönheit (1/2)

[...] Gerne sagen politisch korrekte Menschen, dass innere Werte zählen, nicht das Äußere. Gleichzeitig beweisen zahllose Studien, dass Lehrer schöne Kinder bevorzugen und dass schöne Menschen eher Karriere machen als hässliche. Und das nicht erst seit gestern. In Märchen sehen die Prinzessinnen ja auch immer wunderbar aus. [...]
[Der Philosoph] Immanuel Kant verbindet das Schöne [...] mit dem Moralischen, er sieht die Schönheit als äußerlichen Ausdruck der inneren Sittlichkeit. Und bei näherem Hinsehen stimmt das ja auch: Dass Menschen schön sind, wenn sie im Frieden mit sich und ihrer Umgebung leben. Wenn sie Ruhe und Versöhnlichkeit ausstrahlen. Allzu oft bleibt diese Schönheit jedoch verborgen, weil die andere, die offensichtlichere Schönheit, lauter ist. [...]
Dieses körperliche Ideal zieht sich inzwischen durch alle westlichen Kulturen und Gesellschaftsschichten. [...] Wie genau ein Körper jedoch beschaffen sein muss, damit er als schön gilt, das ändert sich mit den Jahren und Jahrhunderten sehr wohl. [...] Schon in der Antike wurde offenbar versucht, allzu große Körperfülle durch ein Hüftband zu verstecken. Am als streng bekannten spanischen Hof um 1600 wurde die Brust flachgedrückt. In der französischen Mode des Barock wiederum sollte das Korsett die weiblichen Formen hervorheben. Dank Coco Chanel kam es dann kurz nach der Wende zum 20. Jahrhundert aus der Mode. In den 1920er Jahren galt ein athletischer, eher androgyner Frauenkörper als ideal. Die heutigen Hollywoodstars tragen wieder Rundungen. Und auch, wenn sie kaum mehr in Fischgräten geschnürt auf roten Teppichen erscheinen, so stellt [die Modejournalistin Susanne] Schütte fest: „Die plastische Chirurgie hat einen Schönheitswahn hervorgebracht, der fast brutaler einzwängt als ein Korsett." Verstärkt wird dieser Druck noch durch das weltweit immer einheitlicher werdende Bild von idealer Schönheit, das in erster Linie durch die Massenmedien transportiert wird.
Ein imposanter Beleg für diese These: Auf Fidschi traten nach Einführung des Fernsehens im Jahr 1995 fünfmal häufiger Essstörungen auf als zuvor.

Der einzige Sender zeigte vor allem amerikanische, englische und australische Programme – nach kurzer Zeit hatte sich das Schönheitsideal der Bewohner komplett verändert. Früher hatte es als schön gegolten, stämmig zu sein. Nun fühlten sich fast 75 Prozent der Mädchen zu dick. [...]
[...] Sich unabhängig zu machen vom gängigen Schönheitsideal ist eine Aufgabe, die schwer ist, sehr schwer. Und doch ist es möglich. Denn Schönheit [...] liegt letztlich im Auge des Betrachters. Die Wahrnehmung lässt sich schulen, und was Tausenden als hässlich gilt, muss es nicht für jeden sein. Blickt man beispielsweise auf das erfolgreiche Model Karen Elson: [...] Sie sieht sonderbar aus, bis heute – als Kind [...] rief ihr ein Junge immer hinterher „Ein wandelndes Gespenst!". Man könnte das immer noch rufen – und doch strahlt Karen Elson eine ganz eigene Schönheit aus, die entdeckt, wer sie länger ansieht als einen Moment. Elson [...] steht für die Vielfalt und Einzigartigkeit, die es in der Welt zu entdecken gibt. Wer an seiner Wahrnehmung arbeitet, kann mehr Schönheit genießen als diejenige photogeshoppter, makelloser Stars. Der Dichter Christian Morgenstern war einer dieser Menschen, die sich einen eigenen Blick auf die Schönheit der Welt bewahren. Er sagte: „Schön ist eigentlich alles, was man mit Liebe betrachtet." Das ist tröstlich. Und schön.

(Quelle: Sarina Pfauth: Schön, wirklich schön. Nachdenken über Schönheit. http://www.sueddeutsche.de/leben/nachdenken-ueber-schoenheit-schoen-wirklich-schoen-1.959631, Artikel vom 26.10.2010. Zugriff am 24.08.2013)

Wer ist die Schönste im ganzen Land?

© lassedesignen – Fotolia.com

Schön, wirklich schön: Nachdenken über Schönheit (2/2)

Aufgaben

1. Markiere in dem Text 5–6 Sinnabschnitte mit einer Nummerierung am Rand. Fasse jeden Sinnabschnitt in einer Überschrift oder einem Satz zusammen.

① ______________________________

____

② ______________________________

____

③ ______________________________

____

④ ______________________________

____

⑤ ______________________________

____

⑥ ______________________________

____

2. Welche Aussagen macht der Text? Kreuze die laut Artikel korrekten Aussagen an.

- **a)** Heutzutage sind viele Mädchen tatsächlich zu dick. ☐
- **b)** Unser Bild von idealer Schönheit wird immer einheitlicher. ☐
- **c)** Schöne Menschen haben es leichter als hässliche. ☐
- **d)** Es ist leicht, sich vom gängigen Schönheitsideal unabhängig zu machen. ☐
- **e)** Schönheit ist der äußerliche Ausdruck innerer Sittlichkeit. ☐

3. Was ist schön? Wie geht unsere Gesellschaft mit Schönheit um? Verfasse einen Leserbrief als Antwort auf den Artikel. Achte dabei auf konkrete Textbezüge.

____

____

____

____

____

____

____

Wie kommt es zur Einigung Europas? (1/2)

Nach dem Ende des Zweiten Weltkriegs suchen verschiedene Politiker nach Möglichkeiten, um die Spannungen zwischen den europäischen Staaten ein für alle Mal zu beenden. Einer von ihnen ist der englische Premierminister Winston Churchill. 1946 spricht er sich in einer Rede dafür aus, eines Tages die „Vereinigten Staaten von Europa" zu gründen. Besonders am Herzen liegt ihm die Versöhnung der in den vergangenen Weltkriegen zu Erzfeinden gewordenen Nationen Frankreich und Deutschland. Ein erster Schritt in diese Richtung wird getan, als 1951 die „Europäische Gemeinschaft für Kohle und Stahl" (EGKS) gegründet wird. Kohle ist nach dem Krieg die wichtigste Energiequelle Europas. Die größten Vorräte befinden sich im Ruhrgebiet, die vor allem von der französischen Stahlindustrie dringend benötigt werden. Allerdings will Frankreich den Rohstoff von den Deutschen nicht zu teuer einkaufen. Der damalige deutsche Bundeskanzler Konrad Adenauer entschließt sich, [...] mit Frankreich, Belgien, Italien, den Niederlanden und Luxemburg der übergeordneten Behörde EGKS beizutreten. Diese Behörde stimmt die Preise mit allen Ländern ab.
Aus ihr entsteht 1957 in Rom die „Europäische Wirtschaftsgemeinschaft" (EWG), in der die sechs Staaten ihre Zusammenarbeit auf weitere Wirtschaftsbereiche wie Landwirtschaft, Fischerei oder Verkehrswesen ausdehnen. [...]
1992 unterzeichnen zwölf Staaten in Belgien den „Maastrichter Vertrag". Damit wird die „Europäische Union" (EU) gegründet, die drei Jahre später schon 15 Mitgliedsstaaten umfasst. Innerhalb der EU gilt nun ein freier Waren- und Geldverkehr, was die wirtschaftlichen Beziehungen zwischen den Ländern vereinfacht und den Unternehmen viel Bürokratie erspart. Auch die EU-Bürger spüren die Vorteile. Ohne Einschränkungen dürfen sie jetzt in allen Mitgliedsstaaten arbeiten, ein Geschäft eröffnen oder Dienstleistungen anbieten.
Sogar auf ein gemeinsames, einheitliches Zahlungsmittel einigt man sich: den Euro. Diese gemeinsame Währung sorgt dafür, dass Preise von Waren und auch Arbeit nun besser verglichen werden können und Geschäfte europaweit schneller und einfacher getätigt werden können.
Das führt allerdings auch dazu, dass Firmen ihre Produkte nun in einem europäischen Nachbarstaat anfertigen lassen, weil dort die Löhne niedriger sind. Dadurch gehen zum Beispiel in Deutschland Arbeitsplätze verloren.

Die EU und ihr Außenhandel

Aber der Euro sorgt auch dafür, dass Produkte in Europa zu stabilen Preisen verkauft werden können, sodass die Unternehmen ihre Kosten besser kalkulieren können.
Das ist auch ein großer Vorteil für Wirtschaftsunternehmen, die grenzübergreifenden Handel betreiben.
Die größte Währungsumstellung der Geschichte für 300 Millionen Europäer wird generalstabsmäßig vorbereitet.
In Deutschland dauert die Herstellung der 15,5 Milliarden deutschen Euro-Münzen und der 2,5 Milliarden Banknoten etwa drei Jahre. [...]
[Bei seiner Einführung] hat der Euro in zwölf europäischen Ländern zwischen Sizilien und Lappland die jeweilige Landeswährung ersetzt.

(Quelle: Claus Kleber (Hg.): Nachrichten, die Geschichte machten. Von der Antike bis heute, cbj 2006, S. 332 f.)

Wie kommt es zur Einigung Europas? (2/2)

Aufgaben

1. **Erkläre in eigenen Worten, wie es zur Gründung der Europäischen Wirtschaftsgemeinschaft kam.**

2. **Exzerpiere aus dem Artikel „Wie kommt es zur Einigung Europas?" die Vor- und Nachteile der gemeinsamen europäischen Euro-Währung. Ergänze eigene Argumente und passende Beispiele.**

Vorteile des Euro	Nachteile des Euro

3. **Setze ein Häkchen, wenn der Text hier richtig wiedergegeben ist, oder formuliere gegebenenfalls um.**

a) Die früheren „Erzfeinde" Frankreich und Deutschland sind heute befreundete Nationen. ☐

b) Premierminister Winston Churchill war von Anfang an gegen die Einigung Europas. ☐

c) Die Europäische Union wird mit EGKS abgekürzt. ☐

Die Entschlüsselung des Erbguts: Chancen und Risiken (1/2)

[...] 1953 gelang es [...] James Watson und Francis Crick, auch die Struktur der DNS aufzuschlüsseln, aus der ein Chromosom besteht. Das Chromosom setzt sich aus einem langen Aminosäurefaden zusammen, der in Form einer Doppelhelix fein verdrillt im Zellkern liegt. Heute weiß man, dass bei der menschlichen Fortpflanzung von jedem Elternteil je 23 Chromosomen an das Kind weitergegeben werden. In jeder Körperzelle befindet sich somit eine doppelte Ausführung des Bauplans des Lebens. Was aus uns wird, bestimmen die Gene. Ungefähr 25 000 Gene befinden sich auf den Chromosomen. Sie sind es, die für unser Aussehen verantwortlich sind, und sie steuern auch alle Stoffwechselvorgänge [...].

Nachdem die Struktur unseres Erbgutes aufgeklärt war, begann man gezielt nach Genen zu suchen. Die Genetiker wollten mehr über Funktion und Aufgaben der einzelnen Gene wissen. Schon seit Längerem weiß man, dass die Ursache für viele Krankheiten auch im Erbgut liegen kann [...]. Da jedes Gen in doppelter Ausführung vorliegt, muss nicht jeder Gendefekt sofort zum Ausbruch der Krankheit führen. Es kann auch einfach die Veranlagung für die Krankheit von einem Elternteil vererbt werden. Das beste Beispiel für so eine Veranlagung ist der familiär bedingte Brustkrebs. [...] Das individuelle Brustkrebsrisiko kann eine Frau heute über einen Gentest bestimmen lassen.

[...] [Es] wäre [...] auch verlockend, therapeutisch oder manipulativ ins Erbgut einzugreifen. Die heutigen gentechnischen Möglichkeiten werden intensiv gesellschaftlich diskutiert und verlangen eindeutige – am besten länderübergreifende – gesetzliche Regelungen. Standard ist heute die sogenannte Pränatal-Diagnostik. Über Fruchtwasser-Untersuchungen können Embryonen im Frühstadium auf genetische Krankheiten wie Trisomie 21 [...] untersucht werden. Vor allem älteren Paaren wird so eine Untersuchung empfohlen, weil das Risiko für vererbte „chromosomale Anomalien" im Alter von über 40 Jahren stark ansteigt. Mögliche Gendefekte könnten heutzutage aber auch schon viel früher getestet werden. Zum Beispiel bei einer künstlichen Befruchtung im Reagenzglas, noch bevor die befruchtete Eizelle der kommenden Mutter implantiert wird. Befürworter dieser sogenannten Präimplantationsdiagnostik, die der Bundesgerichtshof im Juli 2010 erlaubt hat, argumentieren: Auf diese Art kann man sicherstellen, dass nur gesunde Embryonen implantiert werden. Aber bei dieser Methodik wäre es durchaus auch möglich, die befruchtete Eizelle auf gewünschte genetische Eigenschaften zu testen. Beispielsweise Haar- oder Augenfarbe zu bestimmen, auch das „Geschlecht nach Wunsch" ist [...] machbar. Doch wer trifft die Entscheidung darüber, welcher Embryo implantiert wird und welcher nicht? Hier wird deutlich, wie schmal der Grat zwischen dem technisch Machbaren auf der einen sowie Moral und Ethik auf der anderen Seite ist.

(Quelle: Kerstin Eva Dreher: Vererbung. http://www.planet-wissen.de/natur_technik/fortpflanzung/vererbung/index.jsp Zugriff am 31.01.2013)

Surftipp

Mehr zum Thema „Künstliche Befruchtung" findest du unter http://www.planet-wissen.de/natur_technik/fortpflanzung/kuenstliche_befruchtung/index.jsp

Die Entschlüsselung des Erbguts: Chancen und Risiken (2/2)

Aufgaben

1. **Formuliere für jeden Textabschnitt sprachlich ansprechende und informative Zwischenüberschriften und schreibe sie auf die Leerzeilen im Text.**

2. **Erkläre anhand der Informationen aus dem Text die folgenden Begriffe.**

   Chromosom: ______________________________

   ____

   Gen: ______________________________

   ____

   Pränataldiagnostik: ______________________________

   ____

   Präimplantationsdiagnostik: ______________________________

   ____

3. **Erläutere anhand passender selbst gewählter Beispiele jeweils einen Vorteil und einen Nachteil der Präimplantationsdiagnostik.**

   Vorteil: ______________________________

   ____

   ____

   ____

   Nachteil: ______________________________

   ____

   ____

   ____

4. **Suche dir zwei sprachliche Auffälligkeiten im Text, erläutere sie und beschreibe ihre Wirkung und Funktion.**

   ____

   ____

   ____

   ____

   ____

Deutschland nach 1945 –
Die Überlebenden richten sich ein (1/2)

Die Deutschen haben den „totalen Krieg" gewollt und geführt, nun bekommen sie die totale Niederlage. Anders als beim Ersten Weltkrieg, den die Deutschen nicht allein ausgelöst hatten, geht der Zweite Weltkrieg ausschließlich auf die Kappe und auf die Kosten Deutschlands. Es besteht kein Zweifel an der Schuld des Nationalsozialismus und seiner Gefolgschaft. Dem Fanatismus dieser Weltanschauung und ihrer Nationalsozialistischen Partei Deutschlands (NSDAP) ist ein ganzes Volk hörig gewesen. Und so schnell werden sich die Überzeugungen auch nach dem Krieg nicht ändern.

Natürlich gab es Gegner dieser Bewegung, die 1920 gegründet wurde und von 1933 bis 1945 die Politik Deutschlands bestimmte. Aber sie sind umgebracht oder mundtot gemacht worden. Wer von ihnen und den Millionen anderen den Krieg überlebt hat, muss nun den Frieden überleben. Und sich schuldig fühlen? Für die eingesehene Schuld sühnen?

Die Fragen der Moral treten hinter dem Hunger zurück. In den Nachkriegsjahren erhält ein Erwachsener täglich eine Ration Lebensmittel zwischen 900 und 1 300 Kalorien. Der Mensch benötigt aber 2 200 Kalorien pro Tag als Mindestmenge. Es dauert vier Jahre, bis der Hunger für die meisten Deutschen kein Thema mehr ist. In dieser Zeit machen sie sich trotzdem ans Aufräumen und Aufbauen. Die legendären „Trümmerfrauen" putzen Stein für Stein aus den Schuttgebirgen. Ihre Männer sind im Krieg gefallen, in Gefangenschaft oder kehren als gebrochene Verlierer zurück. Deutschland hat ein Viertel seines Territoriums verloren. Auf der größten Völkerwanderung der Geschichte Europas irren 25 Millionen Menschen obdachlos umher. Seit dem Herbst 1944 befinden sich 14 bis 15 Millionen deutschstämmige Menschen auf der Flucht vor der vorrückenden Roten Armee.

Sie verlassen ihre Höfe, Häuser und Städte im heutigen Polen, in Ostpreußen und Schlesien, in der Tschechoslowakei und in Ungarn. Sie werden zu Hunderttausenden aus ihrer Heimat vertrieben und sammeln sich im besetzten Deutschland. Sie haben alles verloren: Hab und Gut, Angehörige, ihre Heimat. Und sie sind zumeist nicht sehr willkommen.

Zwei Millionen von ihnen sind unterwegs gestorben. Die es geschafft haben, westlich der Oder-Neiße-Linie oder noch weiter im Westen in Niedersachsen oder Bayern anzulanden – sie sind wie Schiffbrüchige auf Inseln, die verwüstet sind. Inseln, auf denen die Bewohner selber nicht mehr viel haben. Bewohner, denen das Scheibchen Brot näher ist als die Solidarität mit Fremden.

Ein Fünftel der Wohnungen und Fabriken, zwei Fünftel der Verkehrsverbindungen liegen in Trümmern. Das Geld hat jeglichen Wert verloren. Dennoch sind weniger Produktionsanlagen zerstört, als die 400 Millionen Kubikmeter Bombenschutt erahnen lassen. Deutschland liegt am Boden, aber völlig am Ende ist es nicht. [...]

(Quelle: Eckhard Mieder: Die Geschichte Deutschlands nach 1945. Campus 2002, S. 20–22.)

Denkmal für die Trümmerfrauen in Dresden

© ArTo – Fotolia.com

Deutschland nach 1945 –
Die Überlebenden richten sich ein (2/2)

Aufgaben

1. Recherchiere und notiere dir stichpunktartig Informationen zu folgenden Schlagworten:

Nachkriegsdeutschland: ______

Trümmerfrauen: ______

Flucht und Vertreibung nach 1945: ______

Potsdamer Konferenz 1945: ______

Tipp

Überlege, welche Kriegserlebnisse es in deiner Verwandtschaft gegeben hat. Befrage ältere Familienmitglieder und bitte sie um Berichte, Dokumente und Fotos aus dem „Familienarchiv".

2. Schreibe aus der Perspektive einer „Trümmerfrau" einen Brief an eine Verwandte (Umfang: ca. eine DIN-A4-Seite). Nutze dazu die Informationen aus dem Text und deine Rechercheergebnisse aus Aufgabe 1.

Hin zu den Glücksgütern, weg vom Hamsterrad: Das gute Leben (1/2)

Eine wichtige Frage erobert die politische Agenda: die Frage nach dem „guten Leben". Immer mehr Menschen überlegen sich, was ihnen der alltägliche Lauf im Hamsterrad eigentlich bringt. Obwohl sich seit den 1960er-Jahren das Bruttoinlandsprodukt verfünffacht hat, nahm das Lebensglück der Deutschen, wie es etwa der Eurobarometer erhebt, nicht im selben Umfang zu. Vielmehr stagniert die Lebenszufriedenheit, von einigen Aufs und Abs abgesehen. Dieser Befund gilt für alle reichen Industriestaaten. Den meisten von uns geht es gut, wir haben eigentlich mehr Freizeit als früher, aber die psychische Arbeitsbelastung nimmt zu, wie zuletzt der Stressreport der Bundesregierung belegte. Das Arbeitstempo, der Veränderungsdruck und die Anforderungen wachsen. Dem stehen jedoch nur marginale Reallohngewinne gegenüber, und ob es jetzt vierzehn Geruchsrichtungen für WC-Spüler oder dreißig neue Joghurtsorten mehr gibt, beeinflusst die Zufriedenheit nicht wirklich.

Unserem Wirtschaftssystem gelingt es immer weniger, die Vorteile von technischem Fortschritt und Produktivität in „glückbringenden" Wohlstand umzusetzen. Ein Grund für das weitverbreitete Unbehagen ist der Rendite- und Effizienzdruck, der sich in einer zunehmenden Beschleunigung aller Lebensverhältnisse und in einem regelrechten Optimierungswahn niederschlägt. So haben die Menschen mittlerweile das Vertrauen in die Lebensmittelindustrie weitgehend verloren. Was haben wir davon, wenn ein Masthähnchen, das einmal 70 Tage leben durfte, bis es sein Schlachtgewicht erreichte, heute nur noch 44 Tage dafür brauchen darf, und künftig nur 40 Tage oder 35 Tage? Wann ist Schluss? Schmeckt das Fleisch dann besser? Wahrscheinlich nicht, denn für diese Ertragssteigerung muss es mit noch mehr Wachstumshormonen und Antibiotika vollgestopft werden.

Wie viel Sinn ergibt es, in unserem Konsumverhalten einfach weiterzumachen wie bisher? Vieles schmeißen wir kaum gebraucht weg, darunter 800 000 Tonnen Kleidung, 6,7 Millionen Tonnen Lebensmittel und eine Million Tonnen noch funktionsfähige Elektronik im Jahr. Lohnt es sich, dafür länger und härter zu arbeiten? [...]

Unsere Gesellschaft ist – trotz vieler sozialer Probleme – übersättigt. Wir sind überarbeitet und schaffen es zu selten, Arbeit und Konsum zu entschleunigen, um dadurch echte Lebensqualität zu gewinnen. Mit der ungebremsten Produktion von immer mehr Gütern gefährden wir [...] unsere ökologischen Lebensgrundlagen. [...]

Trotz aller Produktivitätsschübe treten die Menschen nicht kürzer, sondern das Tempo in der Tretmühle wird stetig schneller. [...] Wir sollen immer und überall ein bisschen besser werden. [...] Was muss nicht noch alles optimiert werden: der Körper (mit Schönheitsoperationen), das Hirn (mit Drogen und Gehirndoping), das Essen (mit Functional Food), das Trinken (mit Energydrinks), der Sex (mit Viagra), das Lernen (mit Schnelllesetechnik), [...] das Soziale (mit Facebook).

Jede einzelne dieser Optimierungen verspricht, unser Leben zu erleichtern. Aber wir wissen inzwischen, dass sie das nicht tun. Sie erhöhen den Druck, sie machen die Zeit schneller, sie lassen uns nicht zur Ruhe kommen. Viele Lebensbereiche, sagt der Soziologe Hartmut Rosa, „kommen uns vor wie Rolltreppen, die nach unten fahren". Selbst wenn wir nur auf derselben Höhe bleiben wollen, müssen wir die Treppe hochlaufen.

(Quelle: Max A. Höfer: Das gute Leben. Hin zu den Glücksgütern, weg vom Hamsterrad. In: Die Politische Meinung Nr. 521, Juli/August 2013, 58. Jahrgang)

Die psychische Arbeitsbelastung nimmt stetig zu.

Hin zu den Glücksgütern, weg vom Hamsterrad: Das gute Leben (2/2)

Aufgaben

1. **Markiere Fremdwörter im Text und erkläre (aus dem Sinnzusammenhang heraus oder mithilfe eines Lexikons) am Rand deren Bedeutung.**

2. **Erkläre anhand eines selbst gewählten Beispiels, warum der Soziologie Hartmut Rosa das Leben mit einer Rolltreppe abwärts (vgl. letzter Absatz) vergleicht.**

3. **Benenne die sprachlichen Auffälligkeiten der markierten Textzeilen und erläutere die intendierte Wirkung dieser Stilmittel auf den Leser.**

4. **Schreibe einen Leserbrief an den Autor des Artikels, in dem du deine Meinung zum Thema darstellst und Vorschläge machst, was sich in Gesellschaft, Politik oder Berufswelt ändern sollte, um möglichst vielen Menschen in Deutschland ein „gutes Leben" zu ermöglichen. Nimm darin begründet Stellung zu den im Artikel erläuterten Behauptungen.**

Deutschland dritter Klasse (1/2)

Deutschland ist ein reiches Land – und trotzdem gibt es viel Armut in Deutschland. Sicherlich: Es stimmt, dass die deutschen Armen Krösusse wären in Kalkutta, Lagos, Khartum und Dhaka. Aber sie leben nicht dort, sondern sie leben hier. Sie sind relativ arm. Armut ist hierzulande selten eine Kalorienfrage. Daraus ergibt sich aber das Bittere für die Bedürftigen hierzulande. Sie haben die Anerkennung ihrer Bedürftigkeit verloren. Deshalb konnte das soziale Netz als „Hängematte" diskreditiert werden. Deshalb konnte so getan werden, als wären Langzeitarbeitslose an ihrer Situation überwiegend selbst schuld. Deshalb müssen die Menschen, die Hartz IV erhalten, [mit] 351 Euro im Monat auskommen; und die Abgeordneten der großen Parteien passen lieber ihre Diäten an, als den Grundbedarf der Langzeitarbeitslosen an die steigenden Preise anzupassen. Die relativ Armen werden oft für relativ faul gehalten [...].

Die Schere zwischen Arm und Reich geht immer weiter auseinander; dieser Satz gehört mittlerweile zum Repertoire der Fernsehtalkrunden. Er klingt abgegriffen, aber es handelt sich um ein problematisches Faktum: Daraus erwachsen Gefahren für den inneren Zusammenhalt der Gesellschaft. Arm zu sein unter Armen, das könnte man ertragen. So stand es in einem Brief an den Münchner Oberbürgermeister. Aber arm zu sein unter protzigem Reichtum, das sei unerträglich. Der vormalige Generalbundesanwalt Kay Nehm hat kurz vor Ende seiner Amtszeit vor einem „Auseinanderdriften der Gesellschaft" gewarnt, das den inneren Frieden gefährden könnte.

Die Einkommen rutschen nach unten ab. Während im Jahr 2005 noch diejenigen als arm galten, die weniger als 938 Euro netto im Monat zur Verfügung hatten, beginnt die Armut heute erst unter 880 Euro. Das liegt daran, dass das Durchschnittseinkommen gesunken ist, welches der Berechnung von Armut europaweit als Richtmaß zugrunde gelegt wird. Dieser Einkommensverfall ist zum Teil hausgemacht – von einer Politik, die ihr Heil in Niedriglöhnen und der Senkung von Sozialleistungen gesucht hat.

Das Übel, dass viele Leute ein schlechtes Leben führen, besteht nicht darin, dass andere Leute ein reiches Leben führen. Das Übel liegt vor allem darin, dass schlechte Leben schlecht sind. Das Gute ist, dass (auch mittels derer, die ein reiches Leben führen) denjenigen geholfen werden kann, deren Leben schlecht ist. Dazu finden sich im Grundgesetz und in den Landesverfassungen Richtsätze: „Eigentum verpflichtet" steht im Grundgesetz, und „sein Gebrauch soll zugleich dem Wohle der Allgemeinheit dienen". [...]

© Gina Sanders – Fotolia.com

Die Kluft zwischen Arm und Reich wird in Deutschland immer größer.

Deutschland dritter Klasse (2/2)

Die Berichte über Armut und Reichtum in Deutschland sind auch Berichte zur Lage der Demokratie in Deutschland – weil eine Demokratie, in der immer mehr Menschen am gesellschaftlichen Rand leben, nicht gut funktionieren kann. Ungleichheit darf ein gewisses Maß nicht überschreiten.

Info

Grundgesetz für die Bundesrepublik Deutschland, Artikel 14:

(2) Eigentum verpflichtet. Sein Gebrauch soll zugleich dem Wohle der Allgemeinheit dienen.

Recht auf soziale Gerechtigkeit bedeutet, dieses Maß festzustellen, diese Linie zu ziehen und dem Staat aufzugeben, Maßnahmen zu treffen, dass sie nicht überschritten wird. [...]

Demokratie braucht den aufrechten Bürger. Deshalb braucht die Demokratie den Sozialstaat. Ein Sozialstaat ist ein Staat, der gesellschaftliche Risiken, für die der Einzelne nicht verantwortlich ist, nicht bei diesem ablädt. [...] Ein Sozialstaat gibt nicht dem, der schon hat; und er nimmt nicht dem, der ohnehin wenig hat. Er schafft es, dass sich die Menschen trotz Unterschieden in Rang, Talenten und Geldbeutel auf gleicher Augenhöhe begegnen können.

(Quelle: Heribert Prantl: Vorwort. In: Julia Friedrichs/Eva Müller/Boris Baumholt: Deutschland dritter Klasse. Leben in der Unterschicht. Hoffmann und Campe 2009, S. 7–11.)

Aufgaben

1. **Markiere alle Begriffe, über deren Bedeutung du dir im Unklaren bist, schlage sie in einem Lexikon nach und notiere dir am Textrand jeweils kurze Texterklärungen dazu.**

2. **Erläutere, welche Probleme der Autor in der Kluft zwischen Arm und Reich sieht und mit welchen sprachlichen Mitteln er sie darlegt.**

3. **Formuliere die Intention des Autors und dessen Einstellung zu den Hartz IV-Gesetzen.**

„Die Kinder hören einen Satz und schreiben: ‚Die Schulä fenkt an.'" (1/2)

Manchmal sagen Leute: Ach, wissen Sie, ich würde auch gerne schreiben – kann man das lernen? Natürlich. Ich habe auf die folgende Weise schreiben gelernt. Eine bezaubernde junge Frau, die mir riesengroß vorkam, betrat das Zimmer, in dem ich saß. Sie lächelte mich an, ging zu einer Tafel, sie schrieb das Wort „Hans" und das Wort „Lotte" an die Wand. Dann erklärte sie mir, welcher Buchstabe welchem Laut entspricht. So habe ich schreiben gelernt. Buchstabe für Buchstabe, mit Fibel. Ich war überrascht, als ich in der Zeitung las, wie Kinder heutzutage das Schreiben lernen. Die Kinder kriegen eine „Anlauttabelle". Man erklärt ihnen, welcher Laut welchem Buchstaben entspricht. Dann sollen sie loslegen. Sie hören einen Satz, gucken in ihrer Tabelle nach und schreiben: „Die Schulä fenkt an." Schon nach ein paar Wochen können sie halbe Romane schreiben, besser gesagt, halbä Roh Manne. Der Lehrer darf sie nicht korrigieren. Das würde den Kindern, heißt es, seelischen Schaden zufügen und sie demotivieren. Die Methode „Lesen durch Schreiben" ist eine Erfindung des Reformpädagogen Jürgen Reichen, sie setzt sich immer mehr durch.

In der Zeitung stand auch, dass Eltern verwirrt sind. Ihr Kind schreibt „Di Bollitzei isst da" und fragt, ob das richtig geschrieben sei. Was sollen die Eltern dem Kind antworten? Beim Elternabend wird ihnen gesagt, dass sie so tun sollen, als sei alles richtig. Falls sie damit ein Problem haben, sollen sie „ausweichend antworten". Die Eltern können sagen: „Richtig, falsch, das sind relative Begriffe. Alles nur gesellschaftliche Konvention." Oder: „Was richtig war und was falsch, zeigte sich oft erst nach Jahrzehnten."

Interessanterweise hat die neue Methode dazu geführt, dass es viel mehr Kinder mit Rechtschreibschwächen gibt als früher. In der dritten Klasse soll ja, ganz allmählich, die korrekte Rechtschreibung eingeführt werden oder das, was davon übrig ist. Viele Kinder haben sich aber so sehr an das Schreiben nach dem Lustprinzip gewöhnt, dass sie einfach nicht die Kurve kriegen. Wenn ein Kind Legastheniker ist, wird das frühestens in der dritten Klasse entdeckt. Das ist recht spät.

In der Zeitung wurde dazu die Rektorin einer Grundschule interviewt. Sie ist, trotz aller Probleme, von der neuen Methode begeistert. Die Kinder lernten zwar nicht unbedingt Schreiben. Aber sie seien mit so viel Freude bei der Sache. „Der Erfolgsdruck ist weg", sagt die Rektorin. Bei ihr selber ist der Erfolgsdruck ja auch weg. Offenbar steuern wir auf eine Gesellschaft ohne Erfolgsdruck, ohne ehrliche Antworten und ohne Rechtschreibung zu. Damit komme ich klar, sofern man wenigstens ein paar Sonderschulen einrichtet, für Leute, die später mal Pilot, Lokführer oder Arzt werden. Da hätte ich es gerne, wenn die sich früh daran gewöhnt haben, unter Erfolgsdruck zu arbeiten.

Man soll aber auch ein paar Piloten, Lokführer und Ärzte zulassen, die ohne Erfolgsdruck und mit viel Freude die Rächtschraibung erlernt haben, in diesen Flugzeugen und Zügen müssen dann die deutschen Bildungsreformer reisen. Wenn aber das Flugzeug in Turbulenzen gerät, und die Bildungsreformer kriegen Angst, dann dürfen ihnen die Stewardessen auf ihre Fragen immer nur ausweichend antworten. Stürzt das Flugzeug ab, dann soll der Pilot sich kurz in der Tür zeigen und sagen: „Der Flug ist nicht perfekt verlaufen. Aber ich war mit viel Freude bei der Sache."

(Quelle: Die Kinder hören einen Satz und schreiben: ‚Die Schulä fenkt an.' Harald Martenstein über das Erlernen der Rechtschreibung nach Gehör. http://www.zeit.de/2011/48/Martenstein. Zugriff am 23.08.2013)

Grundschüler sollen mit Freude schreiben lernen.

„Die Kinder hören einen Satz und schreiben: ‚Die Schulä fenkt an.'" (2/2)

Aufgaben

Info

Textsorte Glosse

Die Glosse ist ein kurzer, ironischer Meinungstext, oft aggressiv und doppelbödig, der häufig verschiedene Stilebenen und Stilmittel aufweist.

1. **Zeige anhand passender Textbelege, inwiefern es sich bei dem Artikel um eine Glosse handelt.**

2. **Erläutere zwei sprachliche Auffälligkeiten im Text und beschreibe die Wirkung und Funktion der von dir erkannten sprachlichen Mittel.**

1. Auffälligkeit: ______

Wirkung und Funktion: ______

2. Auffälligkeit: ______

Wirkung und Funktion: ______

3. **Fasse die Argumentationsweise des Textes zusammen, indem du beispielsweise folgende Strukturwörter verwendest.**

berichtet	beschreibt anhand eines Beispiels	begründet dies mit
kommentiert	ironisch	vergleicht	erläutert

4. **Schreibe selbst eine Glosse, die sich mit dem Thema Rechtschreibung auseinandersetzt.**

Jugendgewalt – aus heiterem Himmel (1/3)

[...] Immer häufiger schlagen Jugendliche ohne erkennbaren Grund zu, prügeln los, stechen zu, treten nach, selbst wenn ihre Opfer längst am Boden liegen. Aus scheinbar heiterem Himmel. Einfach so.

Viele der Täter wissen Minuten vor der Tat selbst noch nicht, was sie gleich tun werden. „Es braucht keinen Anlass mehr", sagt die Münchner Staatsanwältin Verena Dorn: „Jemand wird Opfer, weil er gerade zufällig vorbeikommt." [...]

Meist nimmt die Öffentlichkeit solche Taten kaum wahr. Meist bleiben sie auf bestimmte Quartiere, auf bestimmte Gruppen beschränkt. Messerstechereien, Straßenkriminalität, bewaffnete Überfälle sind, grob gesagt, Unterschichtenphänomene, begangen von jungen Männern in den Problemvierteln großer Städte. Wer dort nie zu tun hat, bekommt wenig davon mit. [...] Nur manchmal, wenn eine Videokamera einen besonders brutalen Überfall aufnimmt, wie bei den Münchner U-Bahn-Schlägern kurz vor Weihnachten 2007, oder wenn ein Opfer tot liegen bleibt, wie im Fall von Dominik Brunner auf dem S-Bahnhof in München-Solln [...], reagiert das Land entsetzt und fassungslos. [...]

Die Intensität vieler Taten, das Maß an Brutalität habe deutlich zugenommen, sagen die Jugend-Staatsanwältinnen – ein Befund, den viele Fachleute teilen. „Jugendliche Täter scheinen nicht selten keine Hemmungen mehr zu haben – etwa wenn sie einem anderen Menschen mit einem abgeschlagenen Flaschenhals das Gesicht zerkratzen", bestätigt Christian Böhm, der in Hamburg die Gewaltpräventionsstelle der Schulbehörde leitet. [...]

Statistisch lässt sich das Phänomen bislang kaum beschreiben. Dazu fehlen schlicht die Instrumente. Die Polizeiliche Kriminalitätsstatistik (PKS), die einzige bundesweit kontinuierlich verfügbare Datenquelle, etwa erfasst nicht, ob ein Überfall aus heiterem Himmel erfolgte oder ob ihm ein längerer Streit vorausging. Sie sagt auch nichts über die Intensität eines Delikts. Sie registriert nur bestimmte Deliktstypen. Entsprechend umstritten ist die Aussagekraft der Zahlen.

Ist die Jugendkriminalität schlimmer geworden? Die [...] Statistik aus dem Jahr 2008 verzeichnet zwar weniger tatverdächtige Kinder, Jugendliche und Heranwachsende als im Jahr 2007. Dem dokumentierten relativen Rückgang steht allerdings seit geraumer Zeit ein erheblicher Anstieg bei den Gewaltdelikten gegenüber. Besonders die Zahl der schweren Körperverletzungen ist laut Polizei-Statistik gestiegen, seit 1998 um immerhin 54 Prozent. Auch die Zahl der jugendlichen Intensivtäter ist statistisch unklar. Im Jahr 2008 zählte eine Studie der Innenministerkonferenz (IMK) 4750 Intensivtäter in acht der 16 Bundesländer; die anderen hatten keine Zahlen gemeldet. Es gibt nicht einmal eine bundeseinheitliche Definition des Begriffs. Nach Schätzungen sind Intensivtäter, vielleicht ein Fünfzigstel aller Tatverdächtigen unter 21 Jahren, für ein Drittel aller Jugendstraftaten verantwortlich.

Die Brutalität hat bei Auseinandersetzungen in den letzten Jahren stark zugenommen.

Schulversagen generell ist ein regelmäßiges Merkmal einer beginnenden kriminellen Karriere: erste Auffälligkeiten schon in der Grundschule, Disziplinprobleme und Konzentrationsschwierigkeiten, dann häufiges Schwänzen, Schlägereien, Verweise. Schließlich verlassen die künftigen Täter die Schule ohne Abschluss. Was folgt, ist ein Leben auf der Straße, mit den Kumpeln. Zu den Eltern nach Hause, sagen Ermittler, gehe es, wenn überhaupt, nur noch zum Essen, zum Schlafen und manchmal, um die Kleidung zu wechseln. [...] Die Laufbahnen der Schläger sind von deprimierender Gleichförmigkeit. [...]

(Quelle: Christian Denso/Heinrich Wefing: Jugendgewalt. Aus heiterem Himmel. In: Die Zeit vom 12.2.2010, http://www.zeit.de/2010/07/Jugendgewalt. Zugriff am 28.08.2013)

Oft gibt es gar keinen Anlass für Gewaltausbrüche bei Jugendlichen.

Polizeiliche Kriminalstatistik 2012: Jugendliche Tatverdächtige

Jugendliche Tatverdächtige (Alter: 14 bis unter 18 Jahre)	**Anzahl**	
	2012	**2011**
	200 257	214 736

Veränderung gegenüber dem Vorjahr		**Verteilung in %**	
absolut	**in %**	**2012**	**2011**
-14 479	-6,7	9,6	10,2

[...] Jugendliche wurden hauptsächlich wegen Körperverletzung (23,2 Prozent), Ladendiebstahl (23,2 Prozent) oder Sachbeschädigung (14,4 Prozent) registriert. Bei der Gewaltkriminalität Jugendlicher war 2012 ein weiterer Rückgang um 14,6 Prozent auf 27 095 Tatverdächtige zu verzeichnen (2011: 31 730).
Auch bei der [...] gefährlichen und schweren Körperverletzung war ein Rückgang um 16,5 Prozent auf 21 066 jugendliche Tatverdächtige (2011: 25 222) festzustellen. Die Gewaltkriminalität weiblicher Jugendlicher hat im Jahresvergleich um 16,1 Prozent auf 4 620 Tatverdächtige (2011: 5 506) ebenfalls abgenommen. Trotz der rückläufigen Zahlen in der jüngsten Vergangenheit bedarf die Eindämmung der Jugendgewalt weiterhin [...] einer gesamtgesellschaftlichen Anstrengung, insbesondere auch unter präventiven Gesichtspunkten.

(Quelle: Bundesministerium des Innern. Polizeiliche Kriminalstatistik 2012. https://www.bmi.bund.de/SharedDocs/downloads/DE/publikationen/themen/sicherheit/pks-2012.pdf?__blob=publicationFile, S. 5 und 11.)

Jugendgewalt – aus heiterem Himmel (3/3)

Aufgaben

1. Formuliere in eigenen Worten eine Zusammenfassung des Artikels.

2. Unterteile den Artikel in 4–6 Sinnabschnitte. Notiere am Rand des Artikels pro Absatz Schlagworte zum Argumentationsaufbau.

3. Gib Inhalt und Argumentationsaufbau des Artikels verkürzt in eigenen Worten wieder.

   Die Autoren berichten davon, dass

4. Vergleiche die Aussagen zur Jugendkriminalität im Artikel von 2010 mit der Polizeilichen Kriminalstatistik von 2012 und beantworte die Frage: „Ist die Jugendkriminalität demnach schlimmer geworden?" Begründe deine Einschätzung anhand der Zahlen.

5. Setze die Zahlen aus dem Text der Statistik zu den verschiedenen Straftaten in ein aussagefähiges Schaubild um.

Jugendliche Tatverdächtige wurden 2012 wegen folgender Delikte registriert:

Welche Gerechtigkeit wollen wir denn? (1/2)

© Katja Xenikis – Fotolia.com

Im Reichstag ringt die Politik um soziale Gerechtigkeit.

[...] Gerechtigkeit herrscht nur, wenn man seine Rechte einfordern kann. Es muss daher Gesetze geben und Menschen oder Behörden, die ihre Einhaltung überwachen. Doch gibt es verschiedene Arten von Gerechtigkeit. Teilweise stehen sie in einem Zielkonflikt: Man kann oft eine Art von Gerechtigkeit nur herstellen, wenn man in anderer Hinsicht Ungerechtigkeiten hinnimmt.

Wenn gewährleistet ist, dass jeder Mensch seine Talente nutzen und aufsteigen kann, spricht man von Chancengerechtigkeit. [...] Viele Menschen, die glauben, dass es in Deutschland nicht gerecht zugeht, sagen zugleich, dass sie selbst durchaus gute Startchancen hatten. Insgesamt sind 52 Prozent dieser Meinung, bei Frauen ist der Anteil etwas geringer als bei den Männern. Auffällig ist, dass Jugendliche ihre Startchancen skeptischer beurteilen, als Erwachsene es im Rückblick tun. Vielleicht liegt das daran, dass Menschen ihre Möglichkeiten unterschätzen.

Bedürfnisgerechtigkeit ist verwirklicht, wenn jeder genügend Mittel zur Verfügung hat, um seine Bedürfnisse befriedigen zu können. Demnach müsste etwa ein Sachbearbeiter, der im Rollstuhl sitzt, mehr Einkommen haben als sein nicht behinderter Vorstandschef – zum Beispiel, weil es Geld kostet, eine Wohnung behindertengerecht auszustatten. Von der Idee her verwandt mit der Bedürfnisgerechtigkeit sind die Verteilungsgerechtigkeit und die „soziale" Gerechtigkeit. Diese Begriffe werden jedoch regelmäßig verwendet, ohne dass genau erklärt wird, was eigentlich mit ihnen gemeint ist und was getan werden müsste, um sie zu erreichen.

Wer viel und gut arbeitet, soll mehr bekommen als der, der lieber seine Freizeit genießt: Leistungsgerechtigkeit heißt dieses Prinzip. Die Leistungsgerechtigkeit wird geschmälert, wenn der Staat Einkommen durch Steuern und Sozialleistungen umverteilt, um Bedürfnisgerechtigkeit zu erreichen. [...]

Leben die Erwachsenen auf Kosten ihrer Kinder? In Deutschland gibt es die Rentenkasse. Die berufstätigen Bürger zahlen ein, und dieses Geld wird unter den Rentnern verteilt. Das scheint gerecht, denn die Rentner haben ihrerseits lange gearbeitet und eingezahlt. Aber das geht nur gut, solange Bevölkerungszahl und Sterbealter gleich bleiben. Künftig jedoch müssen immer weniger Junge immer mehr Alte ernähren. Auch die Gesundheitsversorgung im Alter wird teurer. Die Belastung der Jungen durch Abgaben steigt schneller als ihr Einkommen.

Hier wälzen die Deutschen einen ganzen Berg auf ihre Nachkommen ab. Die bald zwei Billionen Euro Staatsschulden kosten jedes Jahr Zinsen. Und dieses Geld wird an anderen Stellen fehlen, zum Beispiel in den Schulen und Kindergärten. Die heutigen Generationen fahren viel Auto und fliegen viel mit dem Flugzeug. Andererseits forschen sie auch an Umwelttechnologien und haben schon viel verbessert, zum Beispiel durch Filteranlagen den sauren Regen verringert. Doch den Klimawandel werden sie nicht mehr aufhalten. Die Kosten dafür tragen ihre Enkel.

(Quelle: Kurz erklärt: Gerechtigkeit – die wichtigsten Antworten. http://www.welt.de/wirtschaft/Gerechtigkeit-Kinderleicht/article4097445/Gerechtigkeit-die-wichtigsten-Antworten.html, Artikel vom 10.07.2009. Zugriff am 05.05.2012)

© elavuk81 – Fotolia.com

Herrscht in Deutschland soziale Gerechtigkeit?

Welche Gerechtigkeit wollen wir denn? (2/2)

3

Aufgaben

1. Der Autor behauptet, es gebe „verschiedene Arten von Gerechtigkeit“ (Z. 3/4). Erläutere in eigenen Worten anhand passender Beispiele, was er damit meint und welche Schwierigkeiten sich daraus für die Gesellschaft ergeben.

2. „Leben die Erwachsenen auf Kosten ihrer Kinder?“ (Z. 36) Welche Antworten gibt der Autor auf diese Frage und wie lautet deine Meinung dazu? Begründe deine Einschätzung.

© Feodora – Fotolia.com

3. Erläutere die Aussage des Fotos. Beziehe dazu die Informationen des Textes mit ein.

Archimedes in der Badewanne oder: Wie man zu Ideen kommt (1/2)

Zur Unterscheidung von Kreativität und Intelligenz differenziert man zwischen konvergentem und divergentem Denken. Konvergentes Denken bezieht sich auf neue Informationen, die an schon bekannte Wissensbestände anschließen; divergentes Denken bezieht sich auf neue Informationen, die weitgehend unabhängig von schon bekannten Informationen sind. Entsprechend ist konvergentes Denken das, was im IQ-Test geprüft wird, divergentes Denken ist die Grundlage von Kreativität. Das eine verlangt eine richtige Antwort, im andern Fall werden viele mögliche Antworten verlangt, die Originalität und Flexibilität einschließen. Originalität allein genügt aber nicht. Zum divergenten Denken muss die kritische Fähigkeit hinzukommen, die unsinnigsten Einfälle gleich wieder auszufiltern. Häufig weiß man sofort, ob ein Einfall verwendbar ist oder nicht.

Wie die Einfälle entwickelt werden können, hat Arthur Koestler in seinen Büchern „Inside and Outlook" und „The Act of Creation" beschrieben. Seine Theorie lässt sich am besten mit dem von ihm angeführten Beispiel erläutern: Der Tyrann von Syracus hatte eine goldene Krone geschenkt bekommen. Aber wie alle Tyrannen war er misstrauisch und fürchtete, dass sie mit Silber versetzt sein könnte. Um sicherzugehen, erteilte er dem berühmten Archimedes den Auftrag, zu untersuchen, ob sie wirklich aus purem Gold bestand. Natürlich kannte Archimedes das spezifische Gewicht von Gold und Silber; allein das nützte ihm so lange nichts, wie er nicht das Volumen der Krone kannte, an dem er ablesen konnte, ob sie zu wenig wog. Wie aber sollte er bei so einem unregelmäßigen Gegenstand das Volumen messen? Es war unmöglich. [...] Wenn er doch die Krone einschmelzen und in einen Maßtiegel gießen könnte! Er tat es immer wieder in Gedanken und stellte sich vor, wie viel von dem Tiegel sie füllen würde. Er war noch mit dem Problem beschäftigt, als er geistesabwesend in seine Badewanne stieg. Da fiel ihm auf, dass sich das Badewasser in dem Maße hob, wie er seinen Körper hineinsenkte. Daraufhin rief er „heureka!" und sprang aus dem Wasser. Er hatte die Lösung gefunden; man brauchte die Krone nicht einzuschmelzen, das verdrängte Wasser war gleich dem Volumen des Gegenstandes, den man hineinsenkte.

In Archimedes' Kopf hatten sich zwei bisher getrennte Kontexte aufgrund eines gemeinsamen Elements kurzgeschlossen: Archimedes hatte auch vorher gewusst, dass sich der Wasserspiegel in seinem Bad hob, wenn er einstieg, aber das war eine Beobachtung, die mit dem spezifischen Gewicht von Gold und Silber und ähnlichen Problemen nichts zu tun hatte. Doch plötzlich, aufgrund des [...] Auftrages, wurden beide Vorstellungsbereiche blitzartig miteinander verbunden, und der eine lieferte die Problemlösung für den anderen. Koestler nennt das einen „bisoziativen Akt". Er wird häufig als [...] plötzlicher Geistesblitz erlebt. Es zündet ein Funke, und es fällt ein Groschen. Eine gewaltige Menge von Erfindergeschichten bestätigt diese Beschreibung, und letztlich verdanken sich auch kühne Metaphern und Witze, genauso wie Erfindungen dieser Fähigkeit des Geistes zur Bisoziation.

(Quelle: Dietrich Schwanitz: Intelligenz, Begabung und Kreativität. In: Ders.: Bildung. Alles, was man wissen muss. München: Goldmann Verlag 2002, S. 606 f.)

In der Badewanne kam Archimedes die zündende Idee.

Archimedes in der Badewanne oder: Wie man zu Ideen kommt (2/2)

Aufgaben

1. Erkläre aus dem Textzusammenhang heraus folgende Fachbegriffe:

Konvergentes Denken: ______________________________

____

____

Divergentes Denken: ______________________________

____

____

Bisoziation: ______________________________

____

____

2. Dietrich Schwanitz erklärt die Art des divergenten Denkens anhand einer Anekdote über Archimedes. Finde ein weiteres Beispiel dafür, wie divergentes Denken funktioniert.

____

____

____

____

____

____

____

3. In vielen Berufen ist Kreativität eine Schlüsselqualifikation. Erläutere anhand eines Beispiels, wie die Kreativität von Mitarbeitern gefördert werden kann.

____

____

____

____

____

____

____

Debatte um Jugendsprache: Heute ich geh Diktat (1/2)

In den Massenmedien wird gerade die Potsdamer Linguistin Heike Wiese herumgereicht. Sie hat ein Buch über das geschrieben, was sie „Kiez-Deutsch" und eine „Jugendsprache des Deutschen" nennt. Manchmal bezeichnet sie diesen Slang, in dem Sätze wie „Ich weiß, wo die gibs" oder „Wir sind jetzt anderes Thema" oder „Ich kenn ihn von Fitness" geläufig sind, auch als einen „urbanen Dialekt".

Gängiger wäre es, von Vereinfachungen zu sprechen und für die Jugendlichen zu hoffen, dass sie sich nicht allzu sehr daran gewöhnen. Doch die Linguistin möchte das normative Urteil gern umkehren. Es handele sich bei „Ich mach dich Messer" und dergleichen nicht um ein Zurückbleiben hinter dem richtigen Deutsch, sondern um eine legitime grammatische Innovation. Selbstverständlich lässt sie sich mittels Fachsprache liebevoll beschreiben: „Funktionsverbgefüge durch semantische Bleichung der Verben".

Ähnliche Fälle, die es im Deutschen schon gibt – „Krawatte tragen", „Angst machen" –, werden herangezogen, um auch „Messer machen" für „greife dich mit dem Messer an" ganz im Rahmen zu finden. [...] Wenn statt „dem Manne" inzwischen meist „dem Mann" gesagt wird, rechtfertigt das für sie – „die Vereinfachungen sind im Deutschen angelegt" – auch weitere Simplifikation wie „Das ist mein Schule". [...]

So, wie eine Kultur der Armut entdeckt wurde, wo zuvor nur Mühsal war, wird jetzt auch in Sachen Bildung umgewertet. Unterstellt werden muss dabei, die Jugendlichen könnten auch anders, sie wollten nur nicht, weil es so für sie praktischer sei. Die Hoch- und Schriftsprache erscheint dann ihrerseits als bloßer Dialekt, mittels dessen die „Mittel- und Oberschicht" [...] sich von den unteren Klassen abzuheben suchte.

Das ist sprachgeschichtlich und soziologisch so irrig wie bildungspolitisch dumm. Ob die Jugendlichen über beide „Sprachen" gebieten und nur je nach Anlass zwischen ihnen wechseln, bleibt eine empirische Frage. Man könnte sie an ihrem Schriftgebrauch überprüfen oder daran, wie sie sich in Situationen zurechtfinden, in denen ihnen Hochsprache abverlangt wird. Wenn gleichzeitig beklagt wird, die Mittelschichten zögerten, Bewerber mit Kiez-Deutsch einzustellen, scheint es mit der souveränen Verfügung über das ganze Repertoire nicht so weit her zu sein. Wiese selbst fordert, Kiez-Deutsch zum Teil des Grammatikunterrichts zu machen, weil Jugendliche dann eher bereit wären, sich mit dem Standarddeutsch zu beschäftigen. [...]

Eine auf Chancengleichheit bedachte Schule müsste gerade die kulturellen Festlegungen der höheren Schichten allen Schülern zugänglich machen. Umso mehr, als diese Schichten mehr als die Hälfte der Bevölkerung umfassen. Der Versuch, umgekehrt diesen höheren Schichten ihre kulturellen Festlegungen wissenschaftlich auszureden, wirkt [...] lächerlich. [...] In der Kommunikation bestimmt der Empfänger, ob sie gelingt.

Solange das Land also zunächst und zumeist kein Kiez ist und seine Organisationen keine Straßenecken, nützt es den Jugendlichen wenig, wenn man ihnen linguistisch auf die Schultern klopft.

(Quelle: Jürgen Kaube: Heute ich geh Diktat. Debatte um Jugendsprache. http://www.faz.net/aktuell/feuilleton/debatte-um-jugendsprache-heute-ich-geh-diktat-11664452.html. Zugriff am 23.08.2013)

Führt Jugendsprache in die gesellschaftliche Sackgasse?

Debatte um Jugendsprache: Heute ich geh Diktat (2/2)

3

Aufgaben

1. Fasse den Artikel in ein bis zwei Sätzen zusammen.

2. Erläutere, wie der folgende Satz zu verstehen ist: „So, wie eine Kultur der Armut entdeckt wurde, wo zuvor nur Mühsal war, wird jetzt auch in Sachen Bildung umgewertet." (Z. 25) Lege dar, wie der Autor diese Umwertung beurteilt und warum er zu dieser Einschätzung kommt.

3. Jürgen Kaube schreibt hier <u>über</u> Jugendsprache. Beurteile anhand einer Untersuchung des Sprachstils, ob er auch <u>für</u> Jugendliche schreibt. Untersuche dazu Satzbau und Wortwahl im Artikel.

4. „Eine auf Chancengleichheit bedachte Schule müsste gerade die kulturellen Festlegungen der höheren Schichten allen Schülern zugänglich machen." (Z. 46–48) Erläutere, was der Autor damit meint, und nimm begründet Stellung zu dieser Forderung.

Lösungen

Handy als Teil des Körpers (S. 4)

1. Ein Soziologe (Z. 30) ist ein Wissenschaftler, der Erscheinungsformen und Regeln des Zusammenlebens der Menschen in einer Gesellschaft/Gemeinschaft untersucht. Das Verb „monieren" (Z. 30/31) bedeutet: bemängeln, beanstanden. Mit Online-Euphoriker (Z. 37/38) ist hier jemand gemeint, der die Möglichkeiten und Entwicklungschancen des World Wide Webs begeistert und zuversichtlich sieht.
2. z. B.: Problematischer Umgang der Jugendlichen mit dem Handy, Argumente der Handy-Kritiker, Argumente für einen gelassenen Umgang mit neuen Medien
3. **Argumente für intensive Handynutzung von Jugendlichen:** Eltern können Kinder besser kontrollieren, Handy als ausgelagertes Gedächtnis, ständig in Kontakt zu Freunden,
   Fallbeispiel/Beleg: die Generation Internet ist fitter, kreativer, engagierter, spielerisches, v.a. visuelles Lernen.
   Argumente dagegen: zunehmende Distanz, weniger direkte Kommunikation und Gemeinschaftsgefühl, Instinkte aberzogen, Wirklichkeitsverlust, Erlebnismangel
4. **und 5.**
   Argumente für Tapscott (nach Wichtigkeit): ständige Erreichbarkeit → ständige Kontakt- und Informationsaufnahme; Zwang zur Informationsauswahl → Kritikfähigkeit; kreativer Umgang mit neuen Medien; neue Möglichkeiten des (politischen) Engagements; spielerisches, selbst gesteuertes Lernen (über Bilder).
   Argumente für Pota (nach Wichtigkeit): Realitätsverlust; Suchtgefährdung; Vereinsamung

Umfrage: Familienideale (S. 6)

1. Die ersten drei Aussagen sind korrekt, die letzten drei falsch.

Hilfe zu verleihen – Die Weltbank (S. 8)

1. Nur die erste Aussage ist korrekt.
2. Die Weltbank wurde gegen Ende des Zweiten Weltkriegs von den Vertretern von 44 Ländern gegründet mit dem Ziel, den Wiederaufbau der vom Krieg zerstörten Länder zu finanzieren. Mittlerweile hat sie 188 Mitgliedsländer, wobei die Kernaufgabe in der wirtschaftlichen Entwicklung von weniger entwickelten, ärmeren Mitgliedsstaaten liegt. Die Weltbank gewährleistet finanzielle Hilfen (Darlehen, Kredite, Investitionen), berät und bietet armen Ländern Hilfe zur Selbsthilfe, damit der Anteil der Armen an der Weltbevölkerung immer weiter zurückgeht. Wenn es einem Land nach der finanziellen Hilfe der Weltbank wieder besser geht, muss es seinen Kredit zurückzahlen, sodass andere von dem Geld profitieren können. Was einem Land am besten hilft, aus der Armut herauszukommen, ist nicht einfach herauszufinden. Hier profitiert die Weltbank von ihren positiven und negativen Erfahrungen mit verschiedenen Hilfsangeboten.
3. Reichtum bezeichnet i. d. R. den Besitz von materiellem Eigentum. Der Reichtum eines Landes bemisst sich nach dem privaten Geldvermögen seiner Bürger. Dieses wird im Bruttoinlandsprodukt gemessen und gibt das Wirtschaftswachstum eines Landes an. Wichtig dafür, dass sich die Bürger in einem Land wohlfühlen, ist, dass das Geldvermögen nicht zu ungleich verteilt ist, dass es also im Land nicht einige wenige gibt, die sehr viel Vermögen haben, und viele, die wenig haben. Ein reiches Land, in dem viele Menschen sich wohlfühlen, strebt soziale Sicherheit und soziale Gerechtigkeit an, um bestimmte Lebensrisiken (z. B. Arbeitslosigkeit oder Krankheit) und ihre sozialen Folgen (z. B. Verarmung) abzufedern. Ein Land, in dem alle sich wohlfühlen, sorgt außerdem für Chancengleichheit (u. a. durch Bildung für alle und Bekämpfung von Diskriminierung jeder Art) und erhält die Umwelt lebenswert.

Liebe statt Hiebe – Es geht auch ohne Klaps und Schläge (S. 10)

1. **Aus den Argumenten kann man folgende Erörterungsgliederung zusammenstellen:**
   A) Familienleben im Wandel
   B) Ursachen für und Gründe gegen Gewalt in der Erziehung

1. Ursachen für elterliche Gewaltanwendung
   a) aus Überzeugung
   b) eigene Gewalterfahrung der Eltern
   c) Stress und Überforderung der Eltern
2. Gründe gegen elterliche Gewalt
   a) mittel- und langfristig wirkungslos
   b) Recht auf gewaltfreie Erziehung
   c) negative Folgen für kindliche Psyche

C) Erziehung mit Liebe, Lob und klaren Regeln

2. So gelingt Ihnen die gewaltfreie Erziehung.
Auch wenn das Zusammenleben mit Kindern manchmal nervenaufreibend ist: Verzichten Sie auf Gewalt in der Erziehung! Denn Schläge verhindern unerwünschtes Verhalten höchstens kurzfristig. Aufgrund der erlittenen Demütigung tun Kinder das Verbotene oft erst recht – spätestens, wenn Sie nicht dabei sind. Außerdem machen Schläge Ihr Kind selbst aggressiv. Es lernt von Ihnen, Konflikte durch Gewalt zu lösen, und mit dieser Einstellung bekommt es in Kindergarten, Schule und später im Beruf erst recht Probleme. Schläge und Gewalt beeinträchtigen die seelische und soziale Entwicklung Ihres Kindes und können Verhaltensauffälligkeiten, Ängstlichkeit, Leistungsabfälle und Bindungsschwierigkeiten nach sich ziehen. So gelingt Ihnen gewaltfreie Erziehung:
Um zu einem selbstbewussten, lebenstüchtigen Erwachsenen heranzuwachsen, muss Ihr Kind lernen, die Bedürfnisse aller Familienmitglieder ernst zu nehmen und eigene Bedürfnisse gewaltfrei durchzusetzen. Bei Bockigkeit und Wutanfällen des Kindes ist eine Auszeit hilfreich: Dabei wird das Kind kurzfristig in ein anderes Zimmer geschickt oder ignoriert, um wieder zu sich selbst zu finden. Widersetzt sich das Kind wiederholt oder tut etwas Verbotenes, müssen Sie ihm die Regeln klarmachen. Das Kind sollte wissen, dass Fehlverhalten Konsequenzen hat. Die ausgesprochene Strafe sollte angemessen sein und sparsam eingesetzt werden, um zu wirken. Kinder gehorchen, weil sie den Eltern gefallen wollen, nicht aus Angst vor Strafe. Mit Anerkennung und Lob bei erwünschtem Verhalten kommen Sie weiter als mit Schimpfen und Strafen.

3. Korrekt: b), c), e).

4. In der Forsa-Umfrage vom November 2011 zum Thema „Gewalt in der Erziehung" gaben 40 Prozent der 1 003 Befragten an, ihren Kindern im zurückliegenden Jahr mindestens einmal einen Klaps auf den Po gegeben zu haben, eine Ohrfeige bekamen in jenem Jahr 10 Prozent der Kinder der Befragten. Die befragten Männer erwiesen sich statistisch gesehen als geringfügig gewaltbereiter. Die meisten Misshandlungen gehen von jungen Eltern zwischen 18 und 29 Jahren aus, gefolgt von den 35- bis 39-Jährigen. Je mehr Kinder in einer Familie sind, desto häufiger wird Gewalt angewandt, bei Jungen zudem etwas mehr als bei Mädchen. Zu heftigen Gewaltausbrüchen (Hintern versohlen, Stockschläge etc.) bekannten sich nur 1 bzw. 2 Prozent der Befragten.

5. Die Forsa-Umfrage von 2011 zeigt, dass größere Gewaltausbrüche zwar selten sind, der Klaps auf den Po jedoch noch relativ verbreitet ist – fast jede/r zweite Befragte hat dieses Erziehungsmittel eingesetzt und immerhin jede/r Zehnte sein Kind/seine Kinder im letzten Jahr mindestens einmal geohrfeigt. Um jedoch Baumanns Behauptung, das Ideal der gewaltfreien Erziehung gebe es in allen Bevölkerungsschichten, stützen oder widerlegen zu können, bräuchte man Angaben zum Sozialstatus der Eltern und darüber, weshalb sie ihre Kinder schlugen und wie sie diese Strafe im Nachhinein beurteilen. Anhand von Vergleichsdaten aus früheren Jahren, v. a. vor dem gesetzlichen Verbot körperlicher Strafen, ließe sich Baumanns These überprüfen.

Soziale Wahrnehmung – Wie unser Urteil über andere zustande kommt (S. 13)

1. Thema des Artikels ist, wie unser Urteil über andere Menschen zustande kommt und wie dabei Fehleinschätzungen entstehen.

2. In Sekundenschnelle entsteht ein **erster Eindruck** einer mir unbekannten Person, der über mein Verhalten ihr gegenüber entscheidet. Dieser ist jedoch oft trügerisch.
Ähnlichkeit: Menschen, die uns (in Verhalten, Aussehen, Sozialstatus etc.) ähnlich sind, akzeptieren wir eher als Menschen, die wir als fremd empfinden.

Selbstbezug: Bei der Beurteilung gehen wir stets von eigenen Maßstäben und Wertvorstellungen aus, ohne zu berücksichtigen, dass diese nicht objektiv sind.
Wahrnehmungstendenzen: Bei der Leistungsbeurteilung zeigen wir die Tendenz zur Milde, zur Mitte oder zur Strenge.
Kontrasteffekt: Je nach der umgebenden Gruppe und den darin geltenden Merkmalen, Regeln und Maßstäben fallen Stärken und Schwächen eines Individuums unterschiedlich stark auf.
Halo-Effekt: Besonders auffällige Merkmale einer Person können die Wahrnehmung verzerren, sodass ich andere Dinge an ihr gar nicht mehr bemerke.

4. Stereotypen/Verallgemeinerungen/Vorurteile prägen als emotional gefärbte Schubladen unsere innere Einstellung gegenüber Menschen und Dingen. Der jeweilige Status und die Rolle einer handelnden Person sind für Erwartungen verantwortlich, die wir an das Verhalten einer Person haben. Der jüngste Eindruck bleibt nachhaltiger im Gedächtnis und kann vorige – positive oder negative Eindrücke – verdecken.

5. *Bevor Sie ein Urteil über den neuen Kollegen abgeben:* Lernen Sie ihn besser kennen, denn der erste Eindruck täuscht oft! *Bedenken Sie bei Ihrem Urteil:* Ihre Vorstellungen, wie Arbeit erledigt werden sollte, müssen sich nicht mit denen Ihrer Kolleginnen und Kollegen decken. Jede/r hat andere Vorlieben und Prioritäten, was die Arbeitsorganisation angeht. *Fragen Sie sich bei der Leistungsbeurteilung:* Ist mein Urteil zu milde? Bin ich zu streng? Niemand ist absolut perfekt oder völlig inkompetent. Nehmen Sie an einer scheinbar perfekten Kollegin bewusst auch kleine Fehler wahr und konzentrieren Sie sich umgekehrt bei einem besonders inkompetent erscheinenden Kollegen auf dessen Stärken und positive Eigenschaften.

Der Erste Weltkrieg – Die große Urkatastrophe des 20. Jahrhunderts (S. 15)

2. Der Erste Weltkrieg wird zu Recht als „große Urkatastrophe des 20. Jahrhunderts" bezeichnet, weil es der erste mit großem Maschineneinsatz und Massenvernichtungswaffen (Gas) geführte Krieg war, wovon fast drei Viertel der damaligen Weltbevölkerung betroffen war. Er forderte zahlreiche Tote und Verletzte (8 Millionen Gefallene und 6,6 Millionen tote Zivilisten) und ruinierte die europäischen Volkswirtschaften.

4. Adams erklärt, als Kriegs- oder Bombenneurose bezeichne man zusammenfassend Affektstörungen, Nervenschocks, Erschöpfungszustände und ähnliche Leiden, die durch den Beschuss in den Schützengräben hervorgerufen würden. Vor dem Ersten Weltkrieg seien solche Neurosen nicht bekannt gewesen, doch die Kriegsführung in den Schützengräben sei so unmenschlich gewesen, dass eine große Anzahl von Soldaten solche Symptome entwickelt hätten.

Statistiken zu Ausbildungsberufen und Lehrstellen (S. 17)

1. Die BIBB-Statistik informiert über die beliebtesten Männer- und Frauenausbildungsberufe sowie darüber, dass 2012 ca. 550 000 neue Ausbildungsverträge abgeschlossen wurden. Die meisten Verträge (19.320) wurden im Bereich Kfz-Mechatronik abgeschlossen, dem mit Abstand beliebtesten Ausbildungsberuf für Männer. Darauf folgt mit 13 488 Verträgen der Industriemechaniker und mit 12 363 Verträgen der Einzelhandelskaufmann. Frauen wurden am häufigsten als Verkäuferinnen ausgebildet (16 209 Verträge), darauf folgt die Einzelhandelskauffrau (14 925 Verträge) und die Bürokauffrau (14 604 Verträge). Auffällig ist, dass unter den beliebtesten Ausbildungsberufen typische Männer- und Frauenberufe stark vertreten sind.

2. Typische Männer- und Frauenberufe haben sich in der Geschichte herausgebildet. Die wenigen Berufe, die viel Muskelkraft erfordern, sollten nur von Männern ausgeübt werden. Doch dass Frauen kommunikativer und Männer technisch begabter seien, sind Klischees, die mit der Realität oft nichts zu tun haben und dennoch selten hinterfragt werden. Wie die Statistik beweist, gibt es oft Vorbehalte, als Frau einen typischen Männerberuf zu ergreifen, und umgekehrt. Männer fürchten bei einem untypischen Beruf vielleicht um die Anerkennung im

Freundeskreis. Die leider immer noch schlechtere Bezahlung in „Frauenberufen" spielt sicher auch eine Rolle. Frauen haben zwar einige Männerdomänen für sich entdeckt, aber oft Angst, von ihren männlichen Arbeitskollegen nicht anerkannt zu werden oder sich im Beruf nicht behaupten zu können.

3. Die Grafik informiert über Branchen mit Lehrlingsmangel im Jahr 2011 und über dessen Ursachen. Am meisten fehlten dem Gastgewerbe Auszubildende: 52 Prozent der Betriebe konnten ihre Ausbildungsplätze nicht besetzen. Bau und Verkehr waren mit 27 und 23 Prozent von diesem Problem betroffen. Als Grund für den Azubimangel gaben 68 Prozent der befragten Betriebe an, keine geeigneten Bewerber gefunden zu haben, 20 Prozent der Azubis haben ihren Ausbildungsplatz nicht angetreten und bei ebenso vielen wurde der Ausbildungsvertrag nach Ausbildungsbeginn aufgelöst. Im Vergleich mit der Statistik „Männer- und Frauenberufe" fällt auf, dass eine Ausbildung im Hotel- und Gastronomiegewerbe derzeit weniger beliebt ist. Weniger überlaufene Ausbildungszweige bieten jedoch größere Chancen, eine Lehrstelle zu bekommen.

Meine Daten gehören mir – Datenschutz im Alltag (S. 19)

1. **Originalüberschriften:** Telefonüberwachung und Speicherung von Verbindungsdaten. Handy richtig nutzen. Auf Sicherheit achten!

2. Artikel 10 des Grundgesetzes schützt das Brief-, Post- und Fernmeldegeheimnis gegen Eingriffe der öffentlichen Gewalt. Die Polizei ist beispielsweise nicht berechtigt, ohne konkreten Verdacht Briefe zu öffnen, Telefonate mitzuhören oder E-Mails zu lesen, um potenzielle Straftaten zu entdecken. Wenn jedoch der konkrete Verdacht besteht, dass jemand eine Gefahr für die freiheitliche demokratische Grundordnung darstellt, z. B. eines Terroranschlags verdächtigt wird, dürfen Polizei und Verfassungsschutz mit einer entsprechenden Genehmigung die Person überwachen.

3. Angesichts von Sicherheitslücken, Datenüberwachung und -spionage, Internetkriminalität und immer mehr Computerviren sollte Datenschutz im Alltag eine große Rolle spielen. Schützen Sie sich, indem Sie sich bereits beim Kauf eines Geräts ausführlich über Sicherheitsvorkehrungen informieren lassen. Kaufen Sie SIM-Karten nur in Fachgeschäften. Lassen Sie mobile Endgeräte nicht offen liegen und halten Sie PIN-Nummern geheim. Verwenden Sie Zugangssicherungen: Tastatursperre, regelmäßig ausgetauschte, sichere Passwörter. Bei Verlust oder Diebstahl sofort die SIM-Karte sperren lassen!

„Wir müssen den Krieg verlieren" – Die Widerstandskämpferin Sophie Scholl (S. 21)

2. Aichinger verdeutlicht mit diesem Zitat, wie wichtig kritisches Denken ist und der Mut, gegen den Strom zu schwimmen und nach seinen innersten Überzeugungen und moralischen Wertvorstellungen zu handeln. Um den Traum einer gerechten, humanen Gesellschaft verwirklichen zu können, muss der Einzelne bereit sein, eigensüchtige Wünsche zurückzustellen und Unannehmlichkeiten in Kauf nehmen, eventuell sogar den Tod, wie im Falle von Sophie Scholl.

Schön, wirklich schön: Nachdenken über Schönheit (S. 23)

1. ① Innere Werte wichtiger als Schönheit? ② Innere und äußere Schönheit ③ Schönheitsideale im Laufe der Geschichte ④ Plastische Chirurgie, Schönheitswahn und seine Folgen ⑤ Schönheit und subjektive Wahrnehmung

2. Richtig: b), c)

Wie kommt es zur Einigung Europas? (S. 25)

1. Winston Churchill äußerte erstmals 1946 in einer Rede die Idee von der Gründung der „Vereinigten Staaten von Europa", weil er an einer Versöhnung zwischen Frankreich und Deutschland interessiert war. 1951 schlossen sich Deutschland, Frankreich, Belgien, Italien, die Niederlande und Luxemburg zur „Europäischen Gemeinschaft für

Kohle und Stahl" (EGKS) zusammen. Daraus entstand 1957 in Rom die „Europäische Wirtschaftsgemeinschaft" (EWG), in der die sechs genannten Staaten auch in den Bereichen Landwirtschaft, Fischerei und Verkehrswesen kooperierten. Mit dem „Maastrichter Vertrag" 1992 gründeten 12 europäische Staaten die „Europäische Union" (EU).
2013 hatte sie schon 28 Mitgliedsstaaten. Ziele der EU sind, für ein ausgewogenes Wirtschaftswachstum und Preisstabilität innerhalb Europas zu sorgen, die soziale Gerechtigkeit und die Solidarität zwischen den Mitgliedsstaaten zu fördern sowie das kulturelle Erbe Europas zu schützen und weiterzuentwickeln.

2. Durch den Euro wurde der Handel zwischen Mitgliedern der Eurozone vereinfacht und intensiviert und die Transaktionskosten sanken bzw. entfielen. Wegen des verstärkten Wettbewerbs gleichen sich die Preise innerhalb der EU zum Teil auch an. Besondere Vorteile bringt der Euro Reisenden, die kein Geld um- bzw. zurücktauschen müssen und die so damit verbundenen Gebühren sparen. Außerdem können sie im Reiseland nun besser die Preise mit denen ihres Landes vergleichen. Doch der Euro hat auch Nachteile: Um die finanzpolitische Stabilität in der Eurozone nicht zu gefährden, dürfen sich Euroländer maximal um 3 Prozent jährlich neu verschulden, doch dieses Vertragskriterium hat bislang kein Eurostaat erfüllt. Damit ist die Geld- und Zinspolitik im Euroraum sehr schwierig geworden. Ein weiterer Nachteil besteht darin, dass viele Unternehmen in EU-Nachbarstaaten produzieren, in denen die Lohnkosten geringer sind, und der heimischen Wirtschaft dadurch Arbeitsplätze verloren gehen.

3. Richtig: a)

Die Entschlüsselung des Erbguts: Chancen und Risiken (S. 27)

1. *Original-Zwischenüberschriften:* Der Bauplan des Lebens – die Gene; Erbkrankheiten – Gene als Krankheitsursache; Von der Prävention zur Manipulation – das Erbgut unter der Lupe

2. **Chromosom:** ein doppelt verdrillter Aminosäurefaden im Zellkern, der das Erbgut enthält. Vater und Mutter vererben bei der Fortpflanzung je 23 Chromosomen an ihr Kind.
   Gen: die kleinste Einheit der Erbinformation. Die Chromosomen enthalten ca. 25 000 Gene. Jedes Gen ist in doppelter Ausführung vorhanden, weswegen sich nicht jeder Gendefekt auswirkt.
   Pränataldiagnostik: Untersuchung an ungeborenen Kindern und schwangeren Frauen (z. B. durch Fruchtwasseruntersuchungen), um Krankheiten und Gendefekte des Ungeborenen möglichst früh zu erkennen.
   Präimplantationsdiagnostik: vorgeburtliche Untersuchungsmethode, bei der man nach künstlicher Befruchtung den Embryonen Zellen entnimmt, um deren Erbmaterial auf Krankheiten zu untersuchen.

3. Befürworter der Präimplantationsdiagnostik argumentieren damit, dass damit Paaren mit schweren Genkrankheiten zu einem gesunden Kind verholfen werden kann. Denn mithilfe von PID könne man Embryonen mit Gendefekten früh erkennen und aussortieren, ohne dass eine Abtreibung notwendig wäre. Andere wiederum sehen die Erlaubnis der PID in Deutschland als ersten Schritt zur genetischen Selektion und als zu starken Eingriff in die Natur. Denn die Entscheidung, ab wann ein Leben lebenswert ist und wo die Grenzen zwischen unzumutbarer Krankheit und leichter Behinderung verläuft, ist sehr schwer. Es könnte schließlich so weit kommen, dass jeder kleine Makel aussortiert werde und „perfekte" Kinder künstlich gezeugt werden, da durch PID Geschlecht und bestimmte körperliche Eigenschaften wählbar werden.

Deutschland nach 1945 – Die Überlebenden richten sich ein (S. 29)

1. **Nachkriegsdeutschland:** viele Teile des Landes zerstört, keine staatliche Ordnung; Versorgungskrise (Lebensmittel, Heizmaterial, Kleidung, Wohnraum, Arznei); Geld wertlos → Schwarzmarkthandel; viele auseinandergerissene Familien, Flüchtlinge, Vertriebene; auf Hilfe der Besatzungsmächte angewiesen

Trümmerfrauen: ca. 25 Prozent der deutschen Wohnungen total zerstört, ebenso viele stark beschädigt; beseitigten auf Befehl der alliierten Besatzungsmächte in deutschen und österreichischen Städten die Trümmer der zerbombten Gebäude; zwischen 15 und 50 Jahre alt, meist Witwen mit 1–2 Kindern (= größte Bevölkerungsschicht nach dem Krieg)
Flucht und Vertreibung nach 1945: Folge nationalsozialistischer Gewaltherrschaft und der NS-Kriegsverbrechen; betraf 12–14 Mio. Deutschstämmige in den Ostgebieten des Deutschen Reiches und deutschsprachige Bewohner aus Mittel- und Osteuropa
Potsdamer Konferenz 1945: neue Staatsgrenzen in Ostmitteleuropa; polnische und sowjetische Verwaltung deutscher Gebiete jenseits von Oder und Neiße; Zwangsaussiedlung und Vertreibung u. a. aus Ost-, Westpreußen, Pommern, Mark Brandenburg, Schlesien, Sudetengebiet; mehrere 100 000 Lagerinhaftierte und Zwangsarbeiter

Hin zu den Glücksgütern, weg vom Hamsterrad: Das gute Leben (S. 31)

1. **Agenda:** Liste von Gesprächs-/Verhandlungspunkten;
   Bruttoinlandsprodukt: Wert aller Waren und Dienstleistungen, die pro Jahr in einer Volkswirtschaft produziert werden;
   stagnieren: stillstehen, nicht weiterkommen;
   marginal: nebensächlich, unbedeutend;
   Reallohn: Lohn als Verhältnis zwischen Arbeitslohn und Preis der Güter;
   Produktivität: Leistungsfähigkeit, Schaffenskraft;
   Rendite: Ertrag einer Kapitalanlage;
   Effizienz: Wirksamkeit, Wirtschaftlichkeit.
2. Der Soziologe Hartmut Rosa erklärt das moderne Leben mit einer Rolltreppe abwärts, weil für viele Lebensbereiche der Eindruck einer natürlichen „Verschlechterung" entstehe, wenn man nicht massive Anstrengungen unternimmt, dem „natürlichen Verfall" etwas entgegenzusetzen. Erfolgs- und Leistungsdruck würden zunehmend das Privat- wie auch das Berufsleben bestimmen.
3. Die drei rhetorischen Fragen in Zeile 26 ff. regen zum Nachdenken über Konsumverhalten und den Umgang mit Nutztieren an. Mit der Metapher „das Tempo der Tretmühle wird stetig schneller" (Z. 46–48), deren Einprägsamkeit durch Alliterationen erhöht wird, kritisiert Höfer das unmenschliche Leistungsdiktat, dem viele sich nahezu widerspruchslos beugen. Dies verdeutlicht auch die Anapher in Zeile 57 f.

Deutschland dritter Klasse (S. 33)

1. **Krösus:** ein im Vergleich zu anderen sehr reicher Mensch;
   diskreditieren: jemanden/etwas in Verruf bringen, dem Ansehen schaden;
   Diät: (hier) Abgeordnetenentschädigung;
   Grundbedarf: Bedarf an lebensnotwendigen Dingen;
   Repertoire: (hier) fester Bestandteil;
   Faktum: Tatsache;
   Sozialleistung: Dienst-, Geld- oder Sachleistung des Staates zur Sicherung menschlicher Grundbedürfnisse;
   Sozialstaat: demokratischer Staat, der bestrebt ist, die wirtschaftliche Sicherheit seiner Bürger zu gewährleisten und soziale Gegensätze in der Gesellschaft auszugleichen.
2. Bereits im ersten Satz verdeutlicht der Autor durch Antithese die Widersprüchlichkeit des „reichen", zugleich aber „armen" Deutschlands. Drei gewichtige Gründe, weshalb die Lage für die Bedürftigen untragbar ist, stellt er einprägsam in Form von drei Anaphern (Z. 3 ff.) dar. Mit der Metapher von der „Schere zwischen Arm und Reich" (Z. 17), die immer weiter auseinanderklaffe, greift er eine in den Medien oft benutzte Redewendung auf und warnt vor den negativen Folgen für die Gesellschaft.
3. Wenn die Kluft zwischen Arm und Reich in Deutschland wächst und es immer mehr Menschen gibt, die am gesellschaftlichen Rand leben, gefährdet dies den inneren Frieden des Landes. Je ungleicher, desto krisenanfälliger ist eine Gesellschaft. Wenn viele Bürger sich nichts leisten können und verschuldet sind, hat der Staat weniger Geld zur Verfügung und die Gefahr einer Wirtschaftskrise steigt. Wirtschaftlich geschwächte Staaten sind meist auch politisch instabil: soziale Unruhen drohen.

„Die Kinder hören einen Satz und schreiben: ‚Die Schulä fenkt an.'" (S. 35)

1. Es ist eine Glosse, da der Autor das Schreibenlernen mithilfe der Anlautmethode ironisch-überspitzt kritisiert und dabei verschiedene Stilmittel und Stilebenen (Umgangssprache, Fachsprache) verwendet.

2. Die für eine Glosse charakteristische ironische Übertreibung zeigt sich in den Antwortmöglichkeiten, die der Autor Eltern in den Mund legt auf die Frage eines Grundschülers, ob das richtig geschrieben sei: „Richtig, falsch, das sind relative Begriffe. [...] Was richtig war und was falsch, zeigte sich oft erst nach Jahrzehnten." (Z. 27 f.) Diese Argumentation ergibt im Zusammenhang mit Rechtschreibregeln natürlich keinen Sinn und wirkt dadurch absurd. Die Beispiele für fehlerhafte Rechtschreibung (Z. 14, 16, 22 und 53) stehen im Kontrast zum sonstigen Stil des Textes.

3. Einleitend erzählt der Autor, wie er selbst Lesen und Schreiben gelernt hat, und berichtet im Anschluss daran von der derzeit in Grundschulen populären Anlautmethode des Reformpädagogen Jürgen Reichen, wonach die Kinder anfangs nach Gehör schreiben, ohne dass Lehrer oder Eltern ihre Rechtschreibung korrigieren. Durch ironische Seitenhiebe kritisiert Martenstein, dass dies Schüler und Eltern verwirre und zudem die Rechtschreibschwierigkeiten vieler Schüler verstärke. Er zitiert eine Grundschulrektorin, die von der Methode begeistert ist, weil sie den Erfolgsdruck bei den Schülern vermindere. In einem ironisch-absurden Schlussszenario stellt er sich eine Gesellschaft ohne Erfolgsdruck vor, in der nur Kinder, die verantwortungsvolle Berufe ergreifen möchten, auf Sonderschulen Rechtschreibung beigebracht bekommen, und welche lebensbedrohlich-grotesken Situationen daraus entstehen könnten.

Jugendgewalt – aus heiterem Himmel (S. 37)

1. Der Auszug aus Christian Densos und Heinrich Wefings Artikel „Jugendgewalt – aus heiterem Himmel", der am 12.2.2010 in der Zeitung „Die Zeit" veröffentlicht wurde, befasst sich mit den Ursachen von Jugendgewalt und Jugendkriminalität in Deutschland. Die Autoren stellen einen besorgniserregenden Anstieg schwerer Körperverletzungen fest, begangen von einigen wenigen jugendlichen Intensivtätern.

2. 1: Jugendgewalt braucht keinen Anlass mehr
   2: Jugendgewalt als Unterschichtenphänomen
   3: Zunehmende Brutalität
   4: Statistisch widersprüchliche Datenlage
   5: Ähnliche Lebensläufe bei jugendlichen Intensivtätern

3. Die Autoren berichten davon, dass jugendliche Gewalttäter oft keinen Anlass mehr für Übergriffe bräuchten. Jugendgewalt sei vor allem in städtischen Problemvierteln zu beobachten und habe an Brutalität und Hemmungslosigkeit besorgniserregend zugenommen. Doch aus der Polizeilichen Kriminalstatistik lässt sich dies nicht ermitteln, ebenso wenig wie die genaue Zahl der jugendlichen Intensivtäter. Fest steht jedoch, dass schwere Körperverletzungen von 1998 bis 2010 um 54 Prozent zugenommen haben. Dafür seien vor allem einige wenige jugendliche Intensivtäter verantwortlich, deren Lebensstationen (Schulversagen, Disziplinprobleme, kein Schulabschluss, Leben auf der Straße) sich auffallend ähneln.

4. Laut Polizeilicher Kriminalstatistik von 2012 lässt sich keine Verschlimmerung der Jugendkriminalität feststellen, hat die Zahl der jugendlichen Tatverdächtigen sogar im Vergleich zum Vorjahr um 6,7 Prozent abgenommen. Das heißt, während 2011 noch 10,2 Prozent der Tatverdächtigen zwischen 14 und 18 Jahre alt waren, sind es 2012 nur noch 9,6 Prozent. Im Bereich jugendliche Gewaltkriminalität wird ein Rückgang um 14,6 Prozent und im Bereich gefährliche und schwere Körperverletzung um 16,5 Prozent festgestellt. Auch die Gewaltkriminalität weiblicher Jugendlicher hat um 16,1 Prozent abgenommen. Insofern ist die Jugendkriminalität zumindest im Vergleich der Jahre 2011 und 2012 nicht schlimmer geworden.

5. z. B. ein Tortendiagramm (Angaben in %):

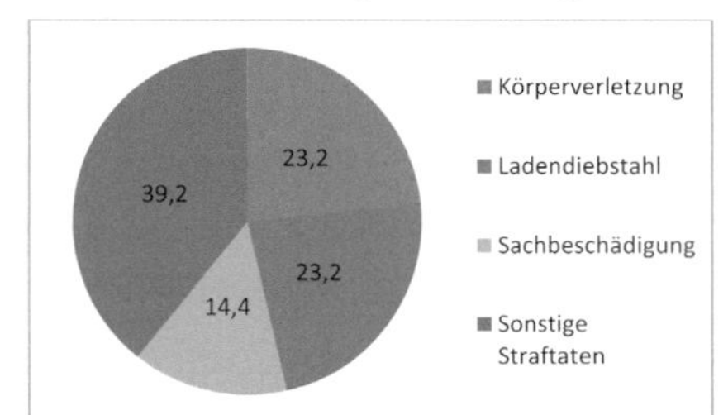

© Verlag an der Ruhr (Daten nach: Bundesministerium des Innern. Polizeiliche Kriminalstatistik 2012. https://www.bmi.bund.de/SharedDocs/downloads/DE/publikationen/themen/sicherheit/pks-2012.pdf?__blob=publicationFile, S. 5 und 11).

Welche Gerechtigkeit wollen wir denn? (S. 40)

1. Der Artikel nennt „verschiedene Arten von Gerechtigkeit": Chancengerechtigkeit, Bedürfnisgerechtigkeit, Verteilungsgerechtigkeit, „soziale" Gerechtigkeit und Leistungsgerechtigkeit. Chancengerechtigkeit bedeutet, dass jeder seine Talente nutzen und beruflich aufsteigen kann. Der Bedürfnisgerechtigkeit geht es darum, dass jede/r genügend Mittel zur Verfügung hat, um zentrale Bedürfnisse befriedigen zu können. Ähnliches meinen auch die nicht genau definierten Begriffe „Verteilungsgerechtigkeit" und „soziale" Gerechtigkeit. Leistungsgerechtigkeit steht zum Teil im Widerspruch zur Bedürfnisgerechtigkeit, denn hier soll jede/r nur so viel bekommen, wie er/sie geleistet hat. Je mehr also der Staat durch Sozialleistungen für Bedürfnisgerechtigkeit sorgt, umso weniger Leistungsgerechtigkeit gibt es. Das zeigt, wie schwierig es ist, Gerechtigkeit für alle herzustellen, weil jeder etwas anderes darunter versteht.
2. Der Autor ist der Meinung, dass die Erwachsenen größtenteils auf Kosten ihrer Kinder leben, da letztere für die Rentner finanziell aufkommen müssen. Das Rentensystem funktionierte, solange das Verhältnis zwischen alten und jungen Menschen ausgewogen war. Nun würden die Jungen durch immer mehr Steuern belastet. Aufgrund der zunehmenden Staatsverschuldung sei außerdem nicht genügend Geld für Bildung vorhanden. Außerdem hätten die Erwachsenen beim Thema Umweltschutz in der Vergangenheit viele Fehler gemacht. Auch wenn jetzt ein Umdenken stattfindet und neue Umwelttechnologien entwickelt werden, sei es zu spät, den Klimawandel aufzuhalten, unter dem zukünftige Generationen leiden werden.
3. Das Foto zeigt, dass der Ansatz der Leistungsgerechtigkeit noch aus einem weiteren Punkt problematisch ist: Oft wird nämlich die erbrachte Leistung bzw. Arbeit gar nicht angemessen entlohnt. So müssen Menschen, die diese Leistung erbringen, trotzdem vom Staat Zusatzleistungen erhalten, um ihre Bedürfnisse befriedigen zu können.

Archimedes in der Badewanne oder Wie man zu Ideen kommt (S. 42)

1. **Konvergentes Denken:** (konvergent = sich annähernd) logisches, folgerichtiges, planmäßig-rationales Denken/Problemlösen; **divergentes Denken:** (divergent = auseinanderstrebend) offenes, unsystematisches, originelles und experimentierfreudiges Denken/Problemlösen; **Bisoziation:** kreativer Vorgang, bei dem Begriffe, Bilder und Vorstellungen aus unterschiedlichen Bezugsrahmen miteinander verknüpft werden.

Debatte um Jugendsprache: Heute ich geh Diktat (S. 44)

1. Im Kommentar „Debatte um Jugendsprache: Heute ich geh Diktat", der in der Onlineausgabe der FAZ am 28. Februar 2012 erschien, nimmt Jürgen Kaube kritisch Stellung zu den Forschungsergebnissen der Potsdamer Sprachwissenschaftlerin Heike Wiese zum Thema Jugendsprache und Kiez-Deutsch.
2. Kaube kritisiert, dass die sprachliche Unbeholfenheit von Jugendlichen aus der „Unterschicht", die nur Kiez-Deutsch beherrschen, von Sprachforschern, wie Wiese, heruntergespielt, umgewertet und als besondere (sub)kulturelle Kreativleistung geadelt wird. Indem Jugendsprache gleichberechtigt neben Hoch- und Schriftsprache gestellt werde, ignoriere man, dass Jugendliche, die nur Kiez-Deutsch sprechen, aufgrund ihrer Kommunikationsprobleme und Bildungsdefizite in der Arbeitswelt schlechter Fuß fassen würden.
3. Kaube verwendet Hochsprache, linguistische Fachbegriffe und viele Hypotaxen. Auch wenn er Beispiele für Jugendsprache nennt, richtet er sich in Sprachstil und Wortwahl eindeutig an das Bildungsbürgertum.
4. Anstatt, wie Wiese fordert, Jugendsprache im Grammatikunterricht zu analysieren, solle man nach Meinung des Autors Kaube vielmehr dafür sorgen, dass Jugendliche, die nur Kiez-Deutsch sprechen, eine gute Schulbildung bekommen und ihre sprachliche Kompetenz ausbauen. Denn nur so bekommen sie die gleichen Startchancen wie Kinder aus dem Bildungsbürgertum.

Notizen